智能时代的**股权投融资解析**

DIMENSIONS OF INVESTMENT

杨文 谢艳 著

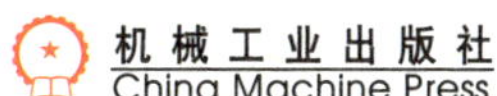

机械工业出版社
China Machine Press

图书在版编目（CIP）数据

投资的维度：智能时代的股权投融资解析 / 杨文，谢艳著．—北京：机械工业出版社，2018.1

ISBN 978-7-111-58793-4

I. 投… II. ①杨… ②谢… III. 股票投资 - 研究 IV. F830.91

中国版本图书馆 CIP 数据核字（2017）第 312686 号

本书分别从投资技能、股权市场、金融全局、时势政经、科技力量以及人性高峰六个维度，从低维至高维逐步阐述了“股权投资维度论”。将最早产生于物理学的维度概念结合当前人工智能、企业并购等经济热点，为众多股权投资及金融生态中的事件打开了新的思路。

投资的维度：智能时代的股权投融资解析

出版发行：机械工业出版社（北京市西城区百万庄大街 22 号 邮政编码：100037）
责任编辑：张 晗
责任校对：李秋荣
印 刷：三河市东方印刷有限公司
版 次：2018 年 3 月第 1 版第 1 次印刷
开 本：147mm × 210mm 1/32
印 张：6.5
书 号：ISBN 978-7-111-58793-4
定 价：55.00 元

凡购本书，如有缺页、倒页、脱页，由本社发行部调换
客服热线：（010）68995261 88361066 投稿热线：（010）88379007
购书热线：（010）68326294 88379649 68995259 读者信箱：hzjg@hzbook.com

投资是理性的，但很多投资的成功往往又被渲染上了感性色彩，而从基本面和方法论来说，每个时代的重点都是一样的，发现价值，判断价值，投资价值。所不同的是，在每一个阶段或每一个时期价值的判定和赋予形式又都不一样，如何能在当下发现价值，一些有用的方法论就尤为重要。本书从经典的方法论入手，针对不同的场景和实际情况，梳理价值投资的真正核心要义，带你寻找智能时代的价值判断，追寻价值投资的本质。

——变量资本管理合伙人、极客公园 COO　吴江

学会投资需要付出巨大的时间成本和资金成本，有没有办法提高效率？建议看看本书。怎样做投资看起来是投资人的事，其实也是创业者的事。一个优秀的创业者，不但要能卖产品，也要能卖公司，了解投资维度和投资逻辑也成为必修课。在资源和机会越来越向头部集中的年代，普通大众了解投资维度和投资逻辑，以便有能力选择并融入最有意义、最有价值的事业

中去，实现自己的梦想和价值，本书也有参考价值。

——创客总部合伙人、北大校友创业联合会副会长　陈荣根

本书通过六个维度，诠释了股权投资的不同层级。从自练内功具备“投资技能”，到对“股权市场”了然于胸，拥有这个宏大而又独特的“金融全局观”，这属于“小处安身”；再往后，把握当代时势政经，学会运用现代科技实力，则属于“大处立命”，最后作者将科技与人性进行了“对话”，复归于人性。在股权投资中，“不确定”是常态，灰度决策是时刻面临的局面。鉴于此，我们就要找到一些方法，拥有一套思考的维度，恰好，本书涉及这一内容，提供了一个看待事情的视角。

——股权激励专家、畅销书《种下股权的苹果树》作者　唐伟

投资的最基本面是看懂企业的本质，好的投资人能通过多种维度看清企业的基础、所处的行业以及领导者的素质与品行。如果把投资的买入价格和退出价格都看作“0”，企业本身的价值正是附加在多个“0”前面的“1”，本书也在告诉读者如何从不同的维度挖掘对企业和投资本质的认知。

——原世界500强企业全球执行副总裁、中国区总裁，
智数资本创始人　朱海

这是一本非常简明易懂并富有洞见的投资指导手册。阅读本书就像是拥有了专有的投资团队，包括投资顾问、培训师、教练、导师在内的专业服务。

——原西门子大中华区总裁、江森自控中国区总裁等职位，
资深投资人　杨蕙澔

目录
DIMENSIONS
OF
INVESTMENT

第二维 股权市场

第三维 金融全局

第四维 时势政经

第五维 科技力量

第六维 人性高峰

万物皆有维度，投资也不例外

换维度看方向

维度是现代物理学里的概念，而维度这个词在近几年很流行，从《盗梦空间》到《星际穿越》再到《三体》，“高维”“低维”成了描述一个事物层次的重要词汇，通常是看维度定高下。

如果我们单看维度的原始定义会比较拗口，那么我们就来回顾一下通常意义下什么是维度：

零维是点；

一维是点组成的线；

二维是线组成的面，通常所说的 X 轴加 Y 轴，具有长和宽的属性；

三维是立体，X 轴、Y 轴加 Z 轴，具有长宽高的属性，由此产生空间；

四维是空间加上时间轴，时间可以像长宽高一样丈量；

五维是四维运动而来的……

再沿着这个讲下去，就是物理课了，我们就此打住。一般来说，人们对二维、三维的了解比四维、五维多，因为我们是“三次元”的生物。

维度，是一个大家既熟悉又陌生的词语。我们先跳出这个词，来设想几个场景。

俗话说，人生不如意，十有八九。过去这些不如意的经历，我们往往身在其中，或辗转反侧，或痛不欲生，过后，却可以超然忘却，或云淡风轻。

想想当年我们作为学生的时候，想着早日逃离书海，进入职场；而工作后，我们又总是怀念校园生活，感慨青春时光。

每一个创业者，每天的生活都伴随着纠结与挣扎，起床时满是希望，睡觉时又充满绝望。上一秒还觉得自己可以征服世界、海阔天空，下一秒又觉得自己一事无成、低入尘埃。但不管过程有多么痛苦，走过之后都会觉得苦难和艰辛也是一种财富。

而作为一个投资人，面对塞满邮箱的商业计划书和每一次投决会上的艰难选择，错过成为常态。但可能几年后，也就释然了，当年那些错过的独角兽，或许如今已经轰然倒下。

为什么我们会超然、会释然？因为，回顾过往，我们不经意间已经跨越了时间这个维度，过去的时间变得静止了；在时间这个维度下，过往的每一幕都呈现在我们面前，给了我们一个完整的过程。它好与不好，它跌宕起伏，都已经过去了，我们也都已经了然于胸。

若能在时间的维度里任意畅游，那么就会把未来看成是必经的剧本一样，即便身处险恶也能丝毫不慌张，所谓人生如戏就是这个道理。当我们从一个更高的维度来理解一件事情或执行一件事情时，它带来的结果将是在只能身处低维度时所不能比拟的。

小说《三体》火爆了朋友圈，并在国际上获得了“雨果奖”，也弥补了中国现代科幻小说的空白。这部小说很长，看到最后，最厉害的宇宙武器就是降维打击了。

说到“降维打击”这个词，可能大家都已经比较熟悉了，那怎么把它放到商业领域里去理解呢？进一步说，对于某个行业的若干家公司来说，每一家要想盈利都需要很多个要件，比如产品、研发、市场、销售、仓储、物流、人力、资金，等等。经过一定发展之后，行业内各家公司虽有效率高下之分，但各个要件的组成，尤其哪些要件是核心，总体上大同小异。

在“360安全卫士”（以下简称360）进入安全软件市场前，卡巴斯基、瑞星等杀毒软件都通过向用户收取年使用费的形式来获取收入，这是它们认为最核心的一个“维度”。然而360一下子把收费这个维度彻底取消了，安全产品可以免费使用，并且360在取消这个维度之后自己活得好好的，这一点也很重要，如果是“自杀式袭击”，就没什么意义了。但卡巴斯基、瑞星傻眼了，面对竞争对手以取消一个核心维度的形式发起的攻击，全无还手之力。

小米对上下游产业链的全面包抄式投资法跟360的免费使用是相似的“降维打击”，电子商务对传统线下实体店面也是“降维打击”。无论是哪一种形式，只要在商业领域实行降维打击，无一例外都会改变盈利的基本模式，从而改变原有的游戏规则。

但我们今天要探讨的是如何做升维，如何在面对投资时进行升维思考。就如同之前举的例子，假设能够跨越时间这个维度，那么现在所面对的问题与困境，可能就不再是问题；假设能跨越空间这个维度，那么我们同样能解决很多现在所解决不了的问题。

我们要探讨的是，当你的维度越高或拥有的维度越多，在面对低维度或少维度时所展示的竞争力就越强，同时更能抗击低维度的系统性风险。

站在现在看未来，充满迷惑，而站在未来看现在，到处都是机遇。从过去中国复制美国的互联网模式可以看出，在互联网行业，中国曾经是落后于美国的，这是“地域时差”概念。而从信息化层面讲，传统行业是慢于互联网行业的，这是“行业时差”概念。也就是说拥有地域时差或者行业时差将相当于多拥有了一个维度。如果我们能做到升维，对既往与现状进行重构，那将会做得更好，从而实现“升维竞争”。

在充满变化与挑战的过去，宝能万科争夺战上演了一整年的国民连续剧。不少明星纷纷晋升为投资圈红人，董明珠拉王健林投资 5 亿元成了社会新闻，股权投资已化身为一场全民运动。股权投资之势让人难以忽视，是时候让我们认真地解析一下股权投资了。

维度概念通过现代物理学以及近年诸多的科幻影视作品走入大众的视野，投资是否也具有维度呢？毫无疑问，作为金融体系里的一条重要“动脉”，投资这件事也存在高下立判，孰高孰低。

万物皆有维度，投资也不例外。

这是一部不为创新而创新，不为颠覆而颠覆的作品。用认真的洞察、充满逻辑思维的视角探讨如何从不同的维度看待股权投资。从投资低维向投资高维推演，并从投资高维重新审视投资低维，为众多股权投资及金融生态中的事件打开新的思路。

投资维度论的零维

从一开始我们就对维度论进行了回顾，那么如果零维是一个点，投资的零维又是什么呢?

下面这些名言，相信大家都很熟悉。

徐小平老师说过，创业是九死一生，要有敢死团队；徐老师又说过，创业不悲壮，创业只是找一件自己真正喜欢的事情去做，并从中找到克服种种困难并实现目标的乐趣。那创业到底是要拼了老命还是要举重若轻，也是让人想破脑袋。

沈南鹏老师说过，投资没有标准答案，相信直觉；同时他也说过，投资最重要的是看人，精神比能力更重要。沈老师的直觉论非常个人化，对于一般投资人而言这种经验变得无法复制和参考。而看人这件事就更加复杂，人是一种极端变量，很难标准化。这种个人化、非标准化的投资见解玄妙至极、难以言明。

下面这位，大家也很熟悉，他的名言被奉为创业者的指路明灯：羊毛出在猪身上，狗来买单；站在台风口，猪都能飞上天。这些如雷贯耳的“雷布斯”名言，一再被人们咀嚼，直到被嚼到渣滓都不剩，同时又演绎出各种经典的解释。大家都在推测到底什么是羊，什么是猪，什么是狗。当然了，也有人把这种言论批判到体无完肤，认为这纯属是胡扯，浪费时间。

雷军说话妙就妙在善用比喻，但很容易被人“断章取义”“完形填空”。外行只会越看越热闹，却很难参透围棋高手雷军名言之下的真实含义，而这也正是他希望看到的。你讨论得越欢乐，“雷布斯”的 IP 就会越出名，小米的热度也会越热。“我做什么不一定需要大众明白。”换句话说，你要是明白了，我还怎么赚钱?

我们再来看一下另一种典型分享式的投资指导，不少人也会觉得非常眼熟，因为这种投资课程在知名的活动发布平台天天见。“卓越投资人的成长之路”“用创业的心态做投资”“天使投资的天时、地利、人和”“好的企业家一定是好的融资家”“投资人的社群思维”等，与这种课程打包的服务一般还有游学，硅谷7日、以色列5天、名企名校访问，最不济也要去个创业大街、创业咖啡馆。

满满都是投资的鸡汤，而且还是味精+盐+水的勾兑鸡汤。

如果有时间、有钱我们还是去深造一个MBA吧。

MBA必修课有如下种种：“社会主义经济理论”“管理经济学”“商业伦理”“组织行为学”“数据建模与决策”“会计学”“领导力”“企业战略”……每门课程学下来都感觉是鸿篇巨著、体系庞大、中心明确，但又各执一词。

熊晓鸽老师曾经评价过MBA这个事，特别经典。

他说：“三年以前我送一个同事去读MBA，我跟他说，如果毕业以后你忘了所学的东西，那你已经毕业了。如果你天天还想着所学的东西，那你就还没有毕业。”

传统金融课程就更有意思了，我们参考一下某著名大学企业家金融投资班里“金融学”这门课程的教学大纲：“商业银行的信用货币扩张机制回顾”“从人民银行资产负债表看基础货币”“我国的货币层次和货币构成”“各货币层次的使用”“我国货币供应量统计口径修订思路”“我国的货币特征——近五年各层次货币总量”“我国基础货币来源结构”“中央银行的起源与作用”“操作工具、传导和政策效应”“金融系统风险与宏观政策”，凡此种种，不知道这样的课程是培养投资家还是学术研究人才。

我们根本不关心是否大佬们真的说过所谓的“吉光片羽”，而这些单点课程就像是投资维度中的零维，也就是投资的点。而这些点状的知识，如果你以点概面，烹鸡汤炖名家，就会看起来是一派主观之词，脱离真相九霄之外。

我们并不是说大佬只在零维世界，也不是说 MBA 只在零维世界。大佬绝对不是在零维世界，而是当我们不具有维度概念的时候，只能抓住这些支离破碎的点，而这些点也无法串联成线，更无法组装成面。

这些点状投资知识相互之间可能产生关联性，可能建立系统性，但只拥有这些点，从低垒高，是无法成就一个出色的投资人的，也无法成就一个伟大的创业者。大佬们分享出来的这些点，只有当你能够站在更高的维度上，才能真正地理解其中的深意，投资的世界才会变得更加线性、有机、系统。

就像只有爬到山顶才能一览众山小，否则就像一叶障目，如同管中窥豹。

第一维

投资技能

那么到底什么是投资的一维呢？

按照之前我们的定义，零维是点，由延续性的点串联成线性逻辑，从而由点上升到线，那什么是投资的线呢？

我们认为投资的线就是投资该掌握的基本技能。投资的基本技能让我们可以看到一条一条投资的线性逻辑，再由多条线组成投资的理论基础知识体系。知投学院的股权投融资实务课涵盖了投资的全部基本技能，我们在本书中挑了几个分支，让大家简要并快速地了解投资的线。

商业计划书是商业可行性的时间胶囊

首先，大家都知道无论是创业还是投资都是从商业计划书开始的，有人可能要说了，商业计划书还需要讲吗？这简直就是常识中的常识！

但是现实的情况是，在知投学院专门为投资人和创业者提供的投融资课程中，报名最踊跃和在线点播率最高的课程，还是商业计划书。

商业计划书是创业和投资起点中的起点，刚需中的刚需，需求基数最大，想学的人数最多。

如果你觉得写商业计划书是一件很容易的事情，可以跳过这一章，直接去网上下载个商业计划书模板，也可以多找几个商业计划书模板比较一下。然后你立刻会发现商业计划书千差万别，简直是八仙过海各显神通。

现行市场上出现的商业计划书实际上是很难结构化、很难标准化的一种文本，有人爱用 Word，就有人爱用 PPT；有人喜欢言简意赅、“耐人寻味”，就有人喜欢高谈阔论、“深情演绎”。笔者有位朋友曾经汇整了 10 万份商业计划书准备做分析处理，但实际操作的时候，发现从这些商业计划书中要提取有效信息需要非常长的时间，准确率也比较低。这是因为大家在写商业计划书的时候很容易“自由发挥”，而对关键要素又阐释不明或者避重就轻，从而造成有效信息难以准确传达。

其实一份合格的商业计划书，只需要把以下方面说清楚，让人看懂即可，并不在乎有多少页多少字（见图 1-1）。

商业计划书（business plan）也就是我们通常所说的 BP，必备要素包含以下方面：市场格局、竞品分析、产品和服务、运营数据、团队介绍、财务分析、财务预测、融资需求、风险控制，还可以包括资本路径。

图 1-1　商业计划书必备要素

市场格局：项目所在的有效市场。常见误区是用宏观市场来代表有效市场，有效市场是指项目执行中真正可以触及的市场部分，同时还要包含触及的依据及开拓计划。

竞品分析：有效市场中处于不同发展阶段的竞争对手分析，即使不是直接竞争，但一旦涉及部分产品的功能重合或接近，就要列入对标企业名单，并具体地分析其中的竞争关系。常见误区是由于项目缺乏必要的市场调研作为支撑，从而盲目地认为不存在竞品。

产品和服务：为怎样的受众提供怎样的产品或服务，解决何种问题，具有什么样的独有价值。

运营数据：单价、用户量、获客成本、复购率等实际数据。

团队介绍：创始人、创始或核心团队介绍，也包含重要兼职人员及专家顾问介绍，突出介绍他们为项目带来的竞争优势及资源优势。

财务分析：围绕企业资产负债表、利润表、现金流量表的数据分析。

财务预测：依据现有财务分析及业务开展计划所做的预测分析。

融资需求：依据财务预测及估值所做的需求分析，要具备详细的可执行计划。

风险控制：为防范商业计划过程中可能出现的市场风险、财务风险等所做的准备分析。

资本路径：项目融资计划及退出目标。

同时，针对上述必备要素，要做出业务及财务的三年发展规划。相关数据必须匹配，常见的错误是将规划变成了口号，市场开拓、产品或服务迭代不清晰，财务预测和融资需求的依据不足。

切勿大谈技术（不要低估投资人的智商），切勿财务靠拍脑门（无依无据的公司没人会投资），切勿拖沓冗长（商业计划书要以最短的路径进行可行性分析）。对创业企业来说，提交商业计划书不仅仅是给投资人看的，不只是为了帮助企业获得融资，商业计划书也是创始人和核心团队对自己企业的重新梳理和认知。

一个存在于脑海里的创意，或者一个在探索中前进的项目，往往还存在很多模糊的地方，通过商业计划书的写作，不断地推敲其中的重要要素，公司的核心团队慢慢就会对企业的发展愿景、价值主张、客户开拓、市场渠道、关键业务、核心资源有更新、更统一的认识，同时对前进中的困难和障碍也会有更加清晰的认知，并从中学会表述企业最具核心价值和最具创新价值的内容。

一个中等规模投资机构的投资经理，一个月 KPI 指标通常是要求获取 300 ～ 400 份商业计划书，也就是平均每天要阅读 10 份以上的商业计划书，同时还要完成行业分析、项目分析，并为其中的优质项目撰写投资建议书，工作量是非常大的。如何能在最短的时间内，让投资人在商业计划书里抓住项目最具有竞争力的价值，这既是对创业企业商业计划书写作水平的考验，也是对投资人核心能力的考验。简单点说，在商业计划书中要有效表达企业到底在做什么，做这件事情具有何种优势并解决什么样的问题，想融多少钱，怎么花钱以及怎么挣钱。如果无法快速准确地表达这些信息，那么就很难获得投资人的青睐。

有人说创业前叫醒的是梦想，创业后催眠的是幻想。商业计划书不是梦想与幻想的产物，而是能够验证你所做的事情既往、现在与未来的时间胶囊。商业计划书必须可执行、可验证、可回溯。商业计划书不是只写给别人看的，更是写给自己看的。

所以商业计划书最忌讳的就是“两张皮”，给投资人看一套，而自己做的又是另一套。

“两张皮”的结果会导致项目无法执行、失去计划性、公司容易跑偏并最终丧失方向。如果项目失败，投资人可以因为你曾经提交的商业计划书中有虚假信息而保留法律诉讼的权利，但走到这一步真的完全没有必要。虽然投资人可能会保留这一权利，但这种“两张皮”的做法显然是对创业的不尊重。

所以写商业计划书的时候一定要态度诚恳，对自己很诚恳，对投资人或者合作方也要很诚恳。创业毕竟是商业行为，具备商业诚信和符合商业规律是最基本的要求。

看商业计划书的投资人如果想成为合格的投资人，首先要能从成千上万的商业计划书中挑出最诚恳、最明晰、最有说服力的那一份，而不是选出最华丽、最个性、最精致的那一份。

尽职调查不有趣，不性感，不能光谈感情

商业计划书通过了，投资人和创业者也聊过了，互相抛了橄榄枝，如果双方都觉得还有意愿，那就该在签完保密协议后做尽职调查了。

做过尽职调查的投资人都知道，尽职调查是个耗时间费力气的事情，绝对不是跷着二郎腿喝着茶就能解决的。你想觥筹交错，但搞不好要穿着西服挽着袖子和创业者一起吃路边摊。

有一个关于尽职调查的“987654321原则”被普遍采用，这个原则由来已久，在这里我们列出来供大家参考：

9：见过90%以上的股东和管理层；

8：8点钟到公司；

7：到过项目企业7个以上的部门；

6：在项目企业连续待过6天；

5：对团队、管理、技术、市场、财务等5个要素进行详细调查；

4：至少访问4个上下游客户；

3：考察3个以上的项目企业竞争对手；

2：要永远对项目企业保持20个关键问题；

1：至少与企业普通员工吃1次饭。

以上数字部分不过是个参考值，但是普遍原则的意义就在于它的通行性。与项目保持一定密度的接触是必要条件，尤其是与项目股东、上下游客户和普通员工这三类人群的接触是很多人容易忽视的地方。所谓“魔鬼藏于细节之处”，尽职调查绝对不是走个过场，该问到的人、该问到的事都不要吝于开口。

与尽职调查相关的还需要搜集完整的项目资料，针对商业计划书中提到的商业要素，与项目前期沟通交流中遇到的问题以及其他需要核实的信息，从项目资料及实地访谈中找到有效的依据。

通常情况下，在双方签署保密协议后，尽职调查前，投资方会将“尽职调查资料清单”发送给项目方，项目方在接收到“尽职调查资料清单”后做好相关资料准备及人员安排，投资方的尽职调查人员会在双方约定的尽职调查时间内做资料的核实和验收，并以此作为投资的重要依据。

对于投资方而言，尽职调查的过程是风险管理的一部分，因此尽职调查又被称为审慎调查。尽职调查是个字面意义上的“体力劳动”，对于投资方和项目方来说要事必躬亲、严谨对待，切不可因为项目阶段早、体量小就马马虎虎。哪怕是非常早期的项目，也要研究清楚创业团队是否对创业目标信心坚定、团队是否稳定、项目是不是真的可以提供市场化产品或服务、客户是不是真的对项目的产品或服务感兴趣，这些都是非常关键的要点。

通常情况下，企业概况（如工商注册、历史沿革、股东结构等）、财务报表、产品和服务说明、技术分析、公司组织与管理、行业与市场分析、财务预测、风险与对策等都是尽职调查中的必备材料（见图 1-2）。

以上九九八十一关过去后，恭喜你，就会修炼出一种新的境界。当然尽职调查看似简单，几分钟就可以给大家简单梳理一遍，但真正去做的时候却需要 1 ～ 2 个星期。尽职调查不仅

图 1-2　尽职调查必备材料

是创业者的考场，更是投资人的考场。只有做好充分的准备，懂得相关的法律知识、财务知识、商务知识、行业知识才能完成一次称职的尽职调查。

尽职调查不能光谈感情，也不能走马观花一笔带过。讲感情的尽职调查必然会漏洞百出，无法做到切实地了解项目，最终导致错失良机或投资失败。

尽职调查不那么有趣，也不那么性感，但它却是决定投资成功率的关键。可以说，不经过尽职调查的投资，是不成立的。那么奉劝所有的投资人，任何项目不做尽职调查都不应该投资。

估值是科学不是玄学

如果尽职调查通过了，那么接下来双方就该坐下来谈谈估值了。当然可能针对这个问题，在尽职调查之前创业者和投资人就已经先过了几招。经过了尽职调查，对于估值非常关键的有形资产和无形资产的认定，就有了更加清晰的认识。

听过关于估值的一句笑话吗？世界上最痛苦的事，不是你爱我我不爱你，而是你爱我却还要砍我的估值。相信参与过股权投资的，应该都“砍”过别人，或者被别人“砍”过。

为什么常常会发生“砍估值”的现象呢？那是因为创业者用的估值逻辑往往不是符合商业逻辑的估值逻辑，而是用自己的奇特逻辑。给大家讲个段子，笔者有一个路演群，有一位朋友曾经跳出来说，每经过一次路演的活动，你要给这个项目方带来 1 倍的估值抬升，否则你的路演活动等于没做。特别想问这位朋友一句，你这是拍卖？叫价？估值是一个很严肃的事情，并不是说我路演一次、营销一次，就能涨一次价格，品牌价值也没有涨这么快的。虽然这种个别朋友对估值的理解比较夸张，“超越”了一般常识，但的确有一些估值的怪象是在市场上真实存在的。

估值怪象之一：创业企业“to VC”。

周鸿祎曾经在回答媒体提问时说：“如何让互联网企业避免成为资本奴隶这件事……我那次讲话的原意是，现在很多创业公司创业热潮很盛，但是相当一部分公司的模式并不是 to B 也不是 to C，基本上是 to VC，以拿到 VC 的钱为最终目标。因为它们忽略了一个初心，初心是要做出好的产品，赢得市场。产品做到资本市场是一个结果，而不是你的目标，所以我是这样一个感慨，也没有特别针对哪家企业。”这是周大炮开过的经典一炮，但他真的没有特别针对哪家企业吗？

“to VC”吗，很好理解，只要投资人觉得可以、觉得开心就好，是不是真的有价值，其实并不重要。所谓心有多大，舞台就有多大。比如定个小目标，先融资一个亿。这样看还是王健林的小目标比较实在，先挣一个亿！融一个亿和挣一个亿，这可是有本质上的区别。

也有人说“ to VC”是一个愿打一个愿挨，这个锅不能只让创业者背，估值涨涨涨，大家你情我愿都开心，琴瑟和鸣。

我们姑且不论这是一个“先有鸡还是先有蛋”的问题，总之“to VC”无疑是标准的怪象之一。

估值怪象之二：别问我怎么赚钱，我先来告诉你怎么烧钱，烧着烧着就明白了。

美团可能是中国这几年烧得最久，也是最出名的公司之一了，曾经每月至少亏出 2 亿元。我们发现，太快的成功会让人执拗于那个让它一飞冲天的商业模式，而在以后的经营中排斥别的商业模式。美团在千团大战中靠烧钱补贴活到了最后，所以后来在 O2O 领域完全承袭了烧钱补贴的模式，在外卖、酒店、旅游、电影领域一路烧了下去。

拿外卖来说，同时竞争的饿了么和百度外卖，烧的钱多用在了建设物流体系上，也比美团更快地提高了配送价格。网上曾经广为流传的一张图片——午饭时间，在美团楼下等着送餐的是饿了么和百度外卖的红蓝送餐员。

所以即便是其他公司的配送费比美团贵了一倍还多，但为了能节约时间成本，多花几块钱总比饿肚子强，用户的胃自然做出了选择。

百度外卖和饿了么，都极为看重物流体系的建设。根据公开报道，饿了么在 2015 年 6.3 亿美元的投资中，有很大一部分是投在物流方面；而百度外卖更是做了同城物流，包括餐厅、超市购、药品等，已经基本满足了限时服务的需求。当其他竞争对手不再靠补贴也能获得更多用户时，美团仅靠补贴这一招，也就危险了。

技术派的华尔街可不怎么认“中国制造”的市梦率，华尔街的估值可真是要硬碰硬地拿净利润来算。新美大合并前，王兴一行人去华尔街路演融资。那次华尔街之行，走之前也不知道美团怎么想的，竟然愣是把用户数量的增长曲线陡然地画成了俊美的珠穆朗玛峰，兀得一下平地而起。殊不知这次华尔街根本不关心用户曲线是平、是陡，是累积的还是暴涨的，人家这次特别关心的是利润曲线。结果大家都知道了，美团在华尔街一战中功败垂成，而这也成了新美大合并的导火索。

过去两年，烧钱烧到烧不动的独角兽们都喜欢用合并来化解估值再也涨不上去，且融不到资的尴尬，这成了前两年股权投资市场一道奇特的风景线。美团和大众点评合并，携程和去哪儿合并，58 同城和赶集网合并，滴滴和 Uber 合并，这跟就不了业就去考研有异曲同工之妙。

美团和大众点评合并后，也来了一招“生态化反”，通过自营加投资布局了一整条生态链上的企业，从最上游的进货方、到中间的餐饮企业管理工具、再到最后的外送，等等，业务整合、系统打通，另外还成立了一个响应趋势的“互联网 + 大学”，作为内部人才的蓄水池，用知识累积输出为合作的生态企业及合作商户“输血”，促进“生态化反”发展，从而形成闭环效应。新美大的基础设施看起来越做越庞大，站在一个巨大的生态链上指点江山，这个故事似曾相识。

生态不是简单的电路板，不是连一连通上电就可以。

不管怎么说，独角兽们的合并暂时化解了估值的尴尬，有

的独角兽却越跑越偏。爱屋吉屋在 2014 年 6 月到 2015 年 11 月的 16 个月里，获得了 5 轮 3.5 亿美元的投资，成为媒体口中仅仅成立 230 多天就速成的超级“独角兽”。前两年有阵子满大街都是它们家的广告，资本的疯狂砸钱正是它有恃无恐烧钱的底气。对了，提到广告，这些年不只是电视广告，还有户外广告、网络广告等各种广告的客户每年都会换一拨，换的还都是同一种类型的客户，因为资本每年都会换一个投资偏好。按广告界朋友的话说，他们根本不担心市场不好，因为流水的客户一批又一批，但雷打不动的规律是创业项目融资后必会来打广告，树品牌引流量。先不论这钱花得值不值，先混个脸熟是关键，并且把广告合同拿回去给投资人看看，最起码能一眼看清钱烧在了哪儿。

现在大家已经不怎么看到爱屋吉屋的广告了吧？因为它们陷入了业界质疑和内部危机的双重困境。这个结果当然很容易想到，传统巨头的市场地位实在难以撼动，而在房地产这个低频次、高交易额的消费领域里，用户的忠诚度难以提高，更不要提政策的巨大影响，新人进场必然是困难重重。品牌的街知巷闻带不来高成交量，对老百姓来说还是少付点交易佣金最实惠。

典型例子还有爱鲜蜂，爱鲜蜂在 2015 年以 1 年的时间急速地走完了易果生鲜 10 年走过的路。剧本都是一样的，爱鲜蜂也走上了烧钱烧不动后裁员、裁业务的不归路，2016 年快结束的时候新美大用一针强心剂把爱鲜蜂挽救了回来，但至此是死是活，还不好说。

最近什么最火？共享经济，对吧？滴滴的新闻还热着呢，单车的话题又长期占据头条。

火中之火的摩拜 CEO 王晓峰还是挺实在的一个人，他提出的让投资人垫钱来烧出盈利模式的说法红透了资本圈。2016 年，王晓峰曾经在回答媒体关于“是否摩拜已经想出了盈利模式”的时候是这么表现的：王晓峰一边轻轻摇头，一边笑着说：“如果我有 30% 的利润率，为什么要找投资者？为什么让他们来跟我们一起分钱？我们之所以还在不停地找投资者，就是因为还没有清晰的盈利模式，希望别人给我钱，让我活下去，让我们继续发展，让我们跑得比别人快，然后一起找盈利模式。所以说到创业项目，现在谈盈利还太早了。”

不知道投资者被人大大方方地说人傻钱多，做何感想。不过王晓峰这个人的“实在劲儿”招人喜欢，他也说出了有些人没有勇气说出来的话，道出了“心声”。

不过肯定有人会说，你怎么知道他们不是一个愿打一个愿挨呢？

曾经也有一个朋友说过一个段子。某著名投资机构的创始人，专投最火的项目，和他认识的一个企业创始人说，兄弟，放弃这些挣钱的小生意吧，以你的团队和技术，按我说的路子来，先别考虑盈利，先把不赚钱但最能跑马圈地的产品做出来。但这位创始人比较传统，想不通这里面的逻辑，客气地婉拒了对方。

当然，这只是个“段子”。

2017年仅从3月31日到4月10日，才10天时间，共享充电宝的市场融资总金额就逼近人民币3亿元，这个数字是根据媒体报道的公开数据统计的。项目方最终是不是真的收到了这么多钱不可考证，但的确有一批大佬真真正正地成了共享充电宝项目的股东，而且陆续不断有新手投资者进场。这些大佬毋庸置疑都是有巨无霸型的成功案例在手，在他们手上投出了滴滴，也投出了摩拜。

大佬们进场自然有其投资的高超策略，但是共享充电宝本身真是让人想不通。充电宝这种明显是过渡性的产品，随着电池技术的变革升级，无线充电的场景一旦实现，共享充电宝现在积累的些微用户数据瞬间就将不复存在。更别提因为进场门槛低而导致的恶性竞争，这对社会价值的浪费远大于创造。

人送外号“来电哥”的袁炳松曾经感叹，自从带着来电科技到了北京，才发现投资套路超出了想象：“我说我就需要5000万元，投资人告诉我这个事情5000万元根本打不住，这是一个资本大战，是个资本驱动型市场，要尽可能地拿更多的钱，资本愿意花钱来买抢占市场规模的时间。”

“2016 年我们制定的目标是百城万点，这种情况下我是可以挣到钱的，但现在行业突然起风了，更多的玩家涌了进来，资本跟我说这目标定得太低了，于是我们现在的目标改成了百城十万点，2019 年上半年达到百城百万点，先跑马圈地扩大规模。”

拿了钱，袁炳松就要兑现融资时谈好的条件。在深圳的时候可以扎马步练功夫，到了北京套路全变了，节奏如脱缰的野马，全速跑、加速跑、火箭速度跑。

而且对于袁炳松来说，要是跑到中途不想续不了命，拿美金会更容易，人民币基金一是资金量有限，二是要求高，美金则相对宽容。

在来电哥的身上，投资“套路”一览无遗。

共享经济的“战国时代”，点不在小，共享就行。火烧连云，无往不利。

当然，不是所有烧钱不赚钱的公司都不是好公司，比如京东。刘强东说过，京东要想赚钱很容易，少发期权、少交社保、少投资，但我们不能对不起兄弟、对不起国家，也不能不投资，当有一天我们“占领”全国的时候，我们就开始赚钱，京东要做国民企业。

而这是什么时候的事了？是刘强东在 2015 年京东年会上

提出的。而到了2016年刘强东说的是希望京东有一天成为“世界的京东”，成为“为社会创造最大价值的企业”。今天已经没有人再把京东当成是只会烧钱的公司了，京东俨然成了电商领域唯一能和淘宝在一个维度“打打架”的公司。京东算是一个高维企业，后面我们会提到。

有人说了，不对啊，谁说共享经济不赚钱，你知道共享单车收了多少押金哪。

微博CEO王高飞的微博号是“来去之间”，这个号曾经发过一个微博来评价共享雨伞，在网络上盛传已久。“来去之间”认为，3万把共享雨伞，每把押金19元，每用30分钟收5毛钱，虽然投放了没几天，就全部被人拿回家，但这应该是一段经典的营销案例，必将载入中国的销售史册。原因很简单，本来只卖9.9元一把的伞卖了19元，几天时间就卖了3万把，最主要的还是无人销售!

按照这种方法来推算，这怎么能不赚钱呢？这分明很赚钱啊。

或许在共享中累积了市场数据，或许在共享中打通了新金融的“任督二脉”，但这种单纯基于“商业模式的创业”实质却付出了不可忽视的代价，这种基于人口红利的左兜倒右兜模式，并没有提升产业真正的价值。

估值不是上下嘴皮子一碰说出来就算，而是投资人即便和创业者发展到了风花雪月、要发生化学反应的时候，还必须理智地为所管理的 LP 的钱负责任地说句“谈感情伤钱”，然后该用什么估值方法，就得用什么估值方法。PE 法、PB 法、PS 法、DCF 法等，真的不是为了投资人的嘴皮子而造出来的估值方法，每一种方法里面都是有严密的商业基本原理的。

有限合伙制（Limited Partnership，LP），私募股权投资基金的组织形式，出资但不参与投资。通称的投资人，一般是指私募股权投资基金的普通合伙人（General Partner，GP），是管理私募股权投资基金的投资机构。

这些年估值怪象太多，我们也太有感触，不知不觉就多说了几句。总结一下，估值是个很严肃认真的事，先烧钱再耍人不过得逞了一时。这些企业写了很好的商业计划书，扛过了尽职调查，拿到了融资，但却看不到赚钱的终点，为社会是否创造了价值，明白人心里都清楚。

总之，估值是科学不是玄学，要基于盈利可期。可以暂时不赚钱，但是要想清楚了怎么赚钱，并且从什么地方赚钱。

投资管理的冰与火之歌

我们接着把投资的一维梳理下去，随着尽职调查的完成，投融资双方对估值也都认可了，就要进入投资管理的环节了。投资管理分为投前管理和投后管理，投前管理主要是指投资条款和谈判那点事。当然也有投资方是先给投资条款，再进行尽职调查的。

投资条款（term sheet，TS），一般包含投资价格、投资金融工具，经常有业绩承诺与利益调整要求，同时也可能包含股权回购、领售权、防稀释、清算优先权、公司治理等条款中的数条，通常包含投资方与被投资方将要签署投资协议中的基本核心条款。听起来复杂，实际上也确实复杂。

进行到这一步，融资者如果不懂这些条款，就真的非常有必要认真学习一下了，因为这是对企业未来发展至关重要的一步。由于没有弄清楚投资条款里面的利弊关系，很多创业者在盲目地签下了投资条款后，导致公司发展得很好却被董事会清除出局，或者公司发展得不好自己赔得家破人亡，这样的例子数不胜数。

很多人提到投资条款的第一反应都是张兰的俏江南事件，张兰以俏江南的上市作为相应条件，连环触发了股权回购、领售权和清算优先权 3 项条款，结果大家已众所周知。整个过程说白了就是俏江南没有完成对投资人的上市承诺，所以得自己花钱买回投资人手里的股权（股权回购条款）。买不起怎么办，又导致了被强制出售公司股权（领售权条款），卖公司的钱要优先多给投资人（清算优先权条款），剩下的才是张兰的。

不只是上市可以作为被投资的条件，在创业项目中将企业的连续3年营收、3年利润或者未来估值的增长作为投资的相应条件都是常见的方式。

而什么是防稀释条款呢，简单点说，就是投资人用一个约定好的价格购买了企业一定比例的股权，之后就实行“价格保护机制”，假设加入新的投资人，别人买得贵，企业的价值就上升了，我之前花的钱少，所占的股权比例理论上要下降，但是因为有防稀释条款，我所拥有的股权比例要保持不变。那如果新的投资人买得便宜，而我花的钱不能亏，要保证我拥有相应更高的股权比例。

再比如公司治理条款也是非常重要的，这通常是机构投资中一条不可或缺的协议条款内容，也代表了投资方控制董事会进而影响公司经营的投资倾向，是投资方对己方权益的一种保护性措施。通常投资方在投资达到一定股权比例后，比如10%，都会要求在被投企业董事会当中占有一定数量的席位，并约定参与公司管理的一些基本权利，比如委派董事、股东投票权、股息分配权，等等。

投资条款还有很多，以上是对投资条款当中经常出现的一些重要条款为大家做出的说明。

国内的投资机构大多非常注重投前的投资条款，这是它们的金钟罩铁布衫。一定意义上说，过于苛刻的投资条款对投资人和创业者都不是好事。如果创业者签了苛刻的条款，投资机构会因为有了这些法宝加身，往往就不愿意好好做投后管理了。反正我提前给你上了小夹板，你不做也得做，我乐得清闲，这必然会给投资人和创业者双方种下矛盾的种子。企业一旦发展得有点波折，双方的矛盾就往往会一触即发，而投资条款的保护作用大多要靠对簿公堂，这样的折腾对企业本身的打击更致命。而在实际案例中，即使双方不需要对簿公堂，想象一下如果投资方动不动就行使“一票否决权”，企业谈何主观能动、积极进取，实质上最终企业无法获得好的发展，也会影响投资方的收益。

所以，只注重投前管理、不注重投后管理这种简单粗暴的方式，我们是不认同的。这也是知投学院在培养优秀投资家和创业家的职能上加上咨询和孵化功能的原因，我们不仅有知投资本在资本路径上给企业全面的帮助，我们还有知投学院给企业提供与投融资相关的全方位服务。

只重投前管理、不重投后管理其实是有其他维度原因的，也不全是投资人主观意识的问题。我国私募股权投资行业从 20 世纪 80 年代中期开始萌芽，发展情况一直不温不火，直到 2005 年股权分置改革引起空前绝后的中国证券市场大繁荣后，才带火了私募股权投资行业。在这种大环境下成立并发展起来的投资机构，往往把主要精力放在了寻找能在 2 ～ 3 年内完成上市的这一类项目上，投完之后则静待其上市，并在解禁期结束后套现走人。很少有人去关注企业自身的发展情况，更没有心思去搞好投后管理，涉及这部分的内容我们放在第二维的章节中具体分析。

很多投资机构声称注重投后管理，但口号很响亮，现实很骨感。大多数投资机构也就最多十几个人。很多知名机构，管理着上百亿的资金也只有二十几个人，光是看项目都看不过来，哪还有投后管理，他们的投后管理基本只能外包给会计师事务所和律师事务所。会计师事务所和律师事务所都是年检的时候来视察的，哪有中途来关心的。

所以，根本不用幻想，那些投了你的大机构能把多少资源匹配给你。也就是管你这个项目的投资经理本人，能把他个人的资源匹配给你就不错了。从这个意义上说，早期项目要大机构的投资，还真不如要天使投资人的投资。在大机构那里，你不过是很多项目中的其中一个，而对于某些天使投资人而言，你却是他的全部。

另外，现在很多投资机构里的投资经理异常年轻化，90后甚至95后，每个人拿着KPI，一个月最少看三五百份的商业计划书，一天赶三场以上的活动。年轻的投资经理们既没有创业经验更谈不上产业经验，连时间都没有，毕业后就来投资，做创业的旁观者，很难想象他们怎么做投后管理。

还有赌赛道这件事，其实也不是不能理解赌赛道是怎么喊出来的，资本压制、全面包场、有钱任性，守着一块地深耕细作，不如买下整座山头。不过创业者在拿投资人钱的时候，还是要查查他们有没有说过赌赛道这件事。如果说过，可能还是要看看自己是赛道中的哪一道，看看对方是投完了坐等收钱呢，还是也能帮上忙，如果企业在发展中“喘了一口大气”，是有可能让你先变道呢，还是干脆放弃。

这就是国内的投资管理现状。在国外，排名靠前的专业机构往往设有专业的运营团队为企业提供增值服务，有的大型投资机构还成立了专门的增值服务子公司。比如 KKR 集团的 Capstone 公司，专门为所投企业提供资金、市场、成本、组织架构和战略制定等方面的增值服务，总计人数在 50 人以上。KKR 还拥有一支行业分析团队，这支团队与运营咨询团队、高级顾问团队一起来帮助被投企业。现在国内也有一些有真正增值服务实力的机构在用类似的设置做投资管理，但数量还不是很多。

沈南鹏老师有句话说得特别在理，他说：“作为一个好的投资人，他不应该仅仅用钱去帮助一个企业，更应该将自己的资源带去，这是一个投资人很大的责任。”在这里，我们也呼吁更多的投资同行，平衡好投前管理和投后管理。创业者也要敢于在投后管理上对你的投资人提出要求，因为只有你发展好了他才能好。现在更多的产业资本加入到股权投资行业中来，这些产业资本带来的不仅是钱，还有市场和产业资源，在这种背景下，投资机构若还不精进一些、勤奋一些，那么很快就会被淘汰了。

很多投资机构也表示我们的投后管理是非常良好的，因为我们投资了几百个企业，这些企业之间可以互为资源，可以形成很好的闭环，产生价值链。这当然是一种有效的投后管理，而且能够保证被投企业与投资机构之间的紧密捆绑。但其实投资外循环与内循环都非常重要，心态开放一些，链接可链接的最优资源，才不会因为一片树木损失整个森林。

投资退出的效率与价值战争

我们在股权投资的一维世界里，最后再来看看很重要的投资退出。

一般来说，股权投资由于其高风险、高收益的属性，追求的主要是股权增值而不是利润分红，大多数企业都要把利润留着发展，如果投资人靠利润分红来回本，那就真是高风险、低收益了。投资了好企业，股份增值就得有退出才能实现，比较好的退出方式是首次公开发行股票（上市，即 IPO）、被并购或被收购。

前些年因为“ IPO 堰塞湖”的存在，被上市公司收购或反收购成了项目退出的最佳选择。

“PE＋上市公司”基金就是PE投资机构作为专业机构与上市公司合作，为帮助上市公司投资有价值的项目而共同成立的股权投资基金。而项目方如果能获得上市公司的投资，就相当于拥有了退出也就是股份增值的“背书”，因此“PE＋上市公司”基金一度非常火爆。

过去两年这一把火的确烧得很旺，现如今的发展又如何呢？

2016年部分筹备已久的并购基金引发各方关注，因为长期没有取得进展，变成了俗称的“僵尸基金”，有钱却没投，进而被交易所问询。与此前上市公司热情地与PE机构携手并进的时刻相比，一大批“僵尸基金”的出现开始成为资本市场的独特景象，而这显示着曾被资本市场热炒的“PE+上市公司”模式遭遇了发展的瓶颈。

基金变“僵尸”的根源在业内人士看来，主要还是由于在实践操作中“PE+上市公司”模式牵涉多方利益，后续运作往往不及预期。事实上，出现项目纠纷的案例也不在少数。炒作股价嫌疑、估值产生矛盾、项目进退两难、收益难达预期等问题开始出现，促使“僵尸基金”增多，也令“PE+上市公司”这类缠绕多重资本链条的新型模式逐渐开始失去光环。其涉及的问题频频暴露，更让行业人士担心“PE+上市公司”这种模式是否要过时。

说到底，根本原因还是“PE +上市公司”是典型的逐利投机模式，将项目装进一个看似指定好的退出路径中，寄希望于“快进快出”。而且，大量“ PE+ 上市公司”基金的出现，让市场上指定“题材”的好项目、好资产的需求骤然增大，这加剧了中后端资产在资本市场的价格炒作，从而也加剧了部分的资产泡沫。再加上 IPO 放行速度悄然加快，过去拥有年净利润一个亿的好企业都不得不去借壳上市或者被收购，而现在年净利润在 3000 万元以上的企业一定首选 IPO，“ PE+ 上市公司”基金的资产荒会更加严重。

借壳上市：所谓“壳”公司，即经营状况及资产质量极差的上市公司，通常情况下，此类上市公司面临“保壳”的重大问题，在很短的时间内会面临退市的困境。此时作为具有连续盈利能力优质资产的非上市公司与“壳”公司通过一系列的资本运作，将优质资产置入“壳”公司，并取得上市公司的控制权，从而达到不通过 IPO 而“上市”的目标。

从 2016 年年底开始，证监会发放 IPO 批文的速度由之前的每月一批、两周一批到了每周一批。据《证券日报》报道，随着 2016 年 12 月 30 日 5 家企业获得了 IPO 批文，证监会在 2016 年共计核发了 280 家企业的首发申请，这些企业合计筹资总额在 1843 亿元左右。

根据公开数据，2017 年上半年国内 IPO 企业达到 247 家。回顾 1 ～ 6 月证监会受理的 IPO 情况来看，整体排队的企业呈下降趋势。半年的时间，IPO 排队数量从 1 月初的 731 家最低减少到 569 家，最大减幅少了 162 家。

2016 年 9 月 9 日，证监会公开发布了《中国证监会关于发挥资本市场作用服务国家脱贫攻坚战略的意见》（以下简称《意见》）。《意见》要求，要集聚证监会系统和资本市场主体的合力服务国家脱贫攻坚战略，支持贫困地区企业利用多层次资本市场融资，支持和鼓励上市公司、证券基金期货经营机构履行扶贫社会责任，切实加强贫困地区投资者保护。为支持贫困地区产业发展，帮助贫困群众稳定脱贫，对贫困地区企业首次公开发行股票、新三板挂牌、发行债券、并购重组等开辟绿色通道。

全国 592 个国家扶贫开发工作重点县被列入绿色通道名单，从而对于企业上市提供了更多的选择，3000 万～ 4000 万元甚至 2000 万元年利润的企业都在排队上市。预期这个势头会持续下去，这样整个资本市场对实体经济的支持会有比较好的提升，原来的“IPO 堰塞湖”也正在化解之中。

所以转变投机观念，回归价值投资的本质，把优质企业整合进上市公司看成完善产业链的一环，或许才是出路。现在有的基金已经进化到了“ PE+ 上市公司 + 政府引导基金”的模式，也算是跟产业开始了有益的探索。

当 2009 年创业板开板的时候，2010 年社会上最流行的是 VC“PE 化”，不仅是 PE 投资机构，VC 投资机构也去挤那种准备上市和并购退出的项目，只注重投资效率及眼前利益。

根据清科 2016 年的统计，天使投资机构和 VC 投资机构、PE 投资机构每投资 100 个项目，只有不到 4% 的项目能够通过 IPO 退出，也只有不到 6% 的项目能够通过并购退出，还有 8% 左右的项目可以通过股转或者其他方式退出，因此新三板也成为 VC 基金退出的主要通路。目前，新三板上已挂牌的企业过万家，其中 12% 的企业在创新层，其他都在基础层。可以说优质项目的比例并不高，股权投资的项目退出依然是压力重重，不亚于高考，可以说是千军万马过独木桥（见图 1-3）。

国内产业周期及投资周期普遍比国外成熟市场要短 2 ～ 5 年，资本的短期逐利“拔苗助长”催熟了企业。PE 投资机构和 VC 投资机构应更加重视中期投资及产业价值，将企业稳定发展作为最终目标，而不是只着眼于上市或并购完成交易。

2017 年 5 月《上市公司股东、董监高减持股份若干规定》（以下简称《规定》）的出台再次助力价值投资的回归，有望改变现有投资生态，引导机构投资者进一步遵循价值投资理念，更加注重公司的内在价值与成长性。2016 年 1 月 7 日，证监会就发布了《上市公司大股东、董监高减持股份的若干规定》，以上两项规定在引导上市公司股东、董事、监事、高级管理人员（简称董监高）在规范、理性、有序减持，促进上市公司稳健经营、回报中小股东，促进资本市场健康发展等方面发挥了重要作用。

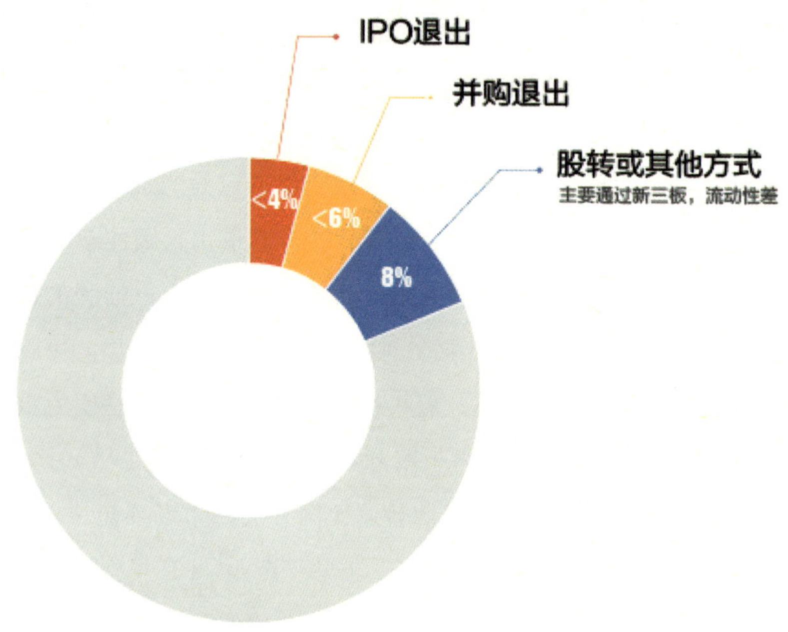

图 1-3　股权投资项目退出方式及比例

对于修改后的减持制度“是否会增加创业投资基金的退出成本，不利于支持创业投资基金投早投小?”这一问题，证监会回应称，会在修改完善减持制度时，对创业投资基金的退出问题做出专门的制度安排。下一步，会将进一步研究创业投资基金所投资企业上市解禁期与上市前投资期限长短反向挂钩机制，对专注于长期投资和价值投资的创业投资基金在市场化退出方面给予必要的政策支持。

《规定》会促进PE投资机构回归投资本质，减少“急功近利”的套现式操作，部分只追求短期利益的“投资者”将进一步被清除出场。对于真正的创业者是利好消息，而对于喊着3年上市“to VC”的投机者则是进一步的打击。新规的出台对于退出周期而言不是拉长，反而是将使退出周期回归正常，回归到产业健康发展所需的时间周期。VC投资机构将会更加重视投资管理，减少“只投不管”“互相接盘”的现象，同时也会减少估值脱离产值的炒作式投资。VC投资机构或PE投资机构不应只是资本的接力棒，更应是价值的投资者。

我们期待“减持新规”后“所投资企业上市解禁期与上市前投资期限长短反向挂钩机制”的进一步出台，这不只是将引导资本投向早期项目，更是对像知投资本这样能够帮助企业并愿意陪伴企业一路成长的专业机构的鼓励。

第二维

股权市场

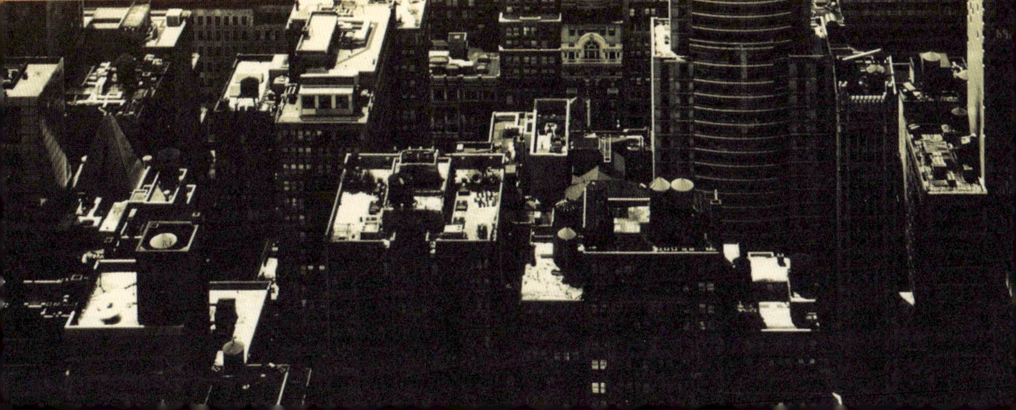

至此，我们用了一章的篇幅，挑了投资的一维里五条最重要的“线”给大家简单梳理了一下，投资的一维里还有其他多条重要的“线”，欢迎大家以后去深入了解，也可以来知投学院共同学习和交流。

我们接下来看看投资的二维世界。

还记得物理中投资的二维是什么吗，是一个面。那么投资的一维中多条重要的“线”会组成一个怎样的“面”呢?

这个“面”就是整个股权投资市场，也叫资本市场的一级市场。要畅游投资的二维世界，就要全面了解我们所处的股权投资的市场环境。

资本寒冬：昼夜温差 30℃

最近一年最火的名词，就是“资本寒冬”。

种子期的创业企业哭着喊着完全融不到资；天使期的创业

企业说，你就给我 100 万这钱还不如我自己出；VC 期的创业企业说，我都融资一个亿了你怎么还不相信我是家好公司呢？这一年，那些专门“ to VC”的企业死了一大半，那些专门做融资服务的中介也很难开单了，那些靠个人大 LP 资金支撑的基金公司忙着裁掉投资经理的同时又花大价钱去招融资经理，资本的寒冬真的来了吗？

那为什么 2017 年的元旦之后，业内最火的新闻却是私募基金的认缴规模首度突破 10 万亿元人民币呢？

10 万亿元是什么概念？

2016 年全国的 GDP 为 74.4 万亿元人民币，前些年带动中国城镇化大发展的国家投资计划，也就是 4 万亿元人民币。所以，这个 10 万亿元，还真是一个超级大的数字，其中私募股权投资类基金占到了私募基金的半壁江山。

根据 2015 年达沃斯经济论坛公布的数据，中国的股权投资市场经历了 20 余年的发展，现在已经是全球第二大股权投资市场，仅次于美国。根据清科私募通的数据统计，2006 ~ 2015 年，这 10 年间，人民币基金的投资增长了 50 倍。2008 年以前，中国的创业投资和私募股权投资是美元基金市场，并不是人民币基金市场，那时候美元的投资非常活跃。2009 年以后，世界发生了一些变化，2009 ~ 2015 年，人民币投资占到创业投资和私募股权投资的 70%。

根据国家工商总局发布的数据，2014 年中国日均新增企业 1 万家，2015 年日均新增企业 1.2 万家，到了 2016 年这一数字达到了破纪录的 1.51 万家，双创浪潮进入全面加速期，中国每年会诞生千万创业者（见图 2-1）。

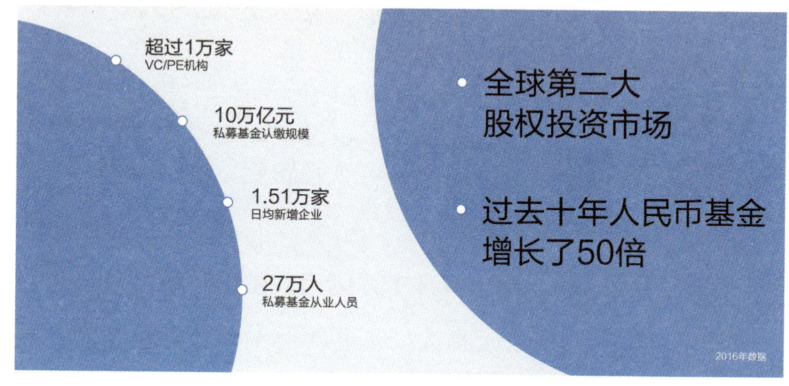

图 2-1　中国股权投资市场规模

而我们可以根据《中国证券投资基金业年报（2015）》[⊖]中的数字来计算一下：中国创业投资基金截至 2015 年年末总计 1448 只备案基金，累计投资 6159 个项目，投资金额 2726.22 亿元。而能实现成功退出的又是怎样的比例呢？创业投资基金退出案例中，上市退出 232 个，金额 36.85 亿元，被并购退出 68 个，金额 12.67 亿元，按照这个数字，上市及并购退出成功的案例数不足 5%，如果按金额数来计算还不足 2%，可以说创

⊖ 截至本书出版，中国证券投资基金业协会发布的 2015 年年报为最新数据。

业项目投资的成功退出就是一个小概率事件。

根据清科私募通的数据，2015 年，天使投资共募集了 200 亿元，有 124 只基金成立；但是 2016 年上半年只有 40 支成立，募集金额是 60 亿元。基金数量同比下降了 43%，基金金额同比下降了 36%，这一数字真实地反映了从 2016 年开始，市场遇冷。所以，早期项目不只生存竞争激烈，而且能够深刻地感受到市场上的基金投资在逐步放缓。

2016 年早期投资总金额刷新历史新高，但投资案例数同比却小幅下降。全年共发生 2000 起早期投资案例，同比下降 1%，披露投资案例金额约为 122 亿元，同比上涨 20%；平均单笔投资金额约 600 万元，同比上涨 22%。

到了 2017 年上半年，早期投资的平均单笔投资金额继续上升，优质项目依然是吸金石，披露投资金额案例数为 805 起，平均单笔投资金额为 765.54 万元，同比上涨 34.3%。其中总案例数下降 22%，投资机构出手愈加谨慎，只求最好，不再以“概率”说话。

还记得之前我们提到的，2009 年创业板开板，VC 投资 PE 化吗？这和 2016 年股权投资市场呈现的早期项目后期化有本质的区别，更少的项目受到资本的青睐，早期投资从概率型投资转向了成功率投资，好的项目拿到的单笔投资金额增加。虽然从某种程度上这也反映了市场估值的依然不理性，对一些新兴热门行业的项目估值普遍偏高，但随着产业型投资、中后期投资压向前线以及政策的纠偏，将会把早期项目估值拉回正常水平。

而我们再来看看中后期投资，又是完全另外一番景象。2016 年收购型投资时代初步显现，投资额攀升至 6000 亿元，约为 2015 年的 1.6 倍。共发生投资案例 3390 起，相比 2015 年增长 19%，新募集基金数量下降的同时，单笔投资金额却增加至 1.7 亿元，明显增大。

上面的数字主要是因为 2016 年并购热点频频出现，国企改革、供给侧改革持续在推进，传统产业整合加速、国内经济增速放缓，人民币贬值压力加大，以及在新环境下工业升级的需求，助推了海内外并购规模同比增长 170%。滴滴与 Uber 合并、京东收购 1 号店、中概股回归、快递行业竞相借壳等典型事件，都助推并购规模再创新高。

到了 2017 年，随着境内 IPO 的提速，企业上市创历史最

新纪录，根据沪深两市数字上半年共计 IPO 企业 247 家，全年 IPO 企业 500 家有望实现。而随着再融资与减持新规陆续出台，中国并购市场降温，标的企业业绩和财务数据的不确定性使得多家上市公司的收购终止。当然这其中也不乏优质企业直接选择了 IPO，被收购不如独立上市，IPO 浪潮也是促使并购市场回落的原因之一。

总体上来看资本寒冬，寒的是只有故事，没有盈利的早期项目的烧钱热，这股退烧，退得爽、退得理性。2014 年“大众创业、万众创新”起航，颇有一批投机者在 2016 年之前举着商业计划书就可以融到资，“热钱”纷纷涌入创业投资市场。而到了 2016 年，上半年估值过亿，下半年直接“腰斩”的项目比比皆是，寒风凛冽，市场急需“冷静”。到了 2017 年，虽然在一些新兴产业及前沿领域还有一些估值大于产值的泡沫存在，但市场的声音再也不是倾向于“只要有钱就可以做投资人”了，伪创业者和还没有掌握投资一维专业技能的伪投资人正逐渐退去，价值投资理念正在回归。

而从业人数的下降也印证了这一点。到 2016 年 12 月底，根据中国证券投资基金业协会公布的数据，已登记的私募基金管理机构还剩 1.7 万家，同比减少 7500 家；基金认缴超 10 万亿元，实缴规模逼近 8 万亿元，同比增长 95%，其中私募股权投资基金实缴规模为 4.32 万亿元；私募基金从业人员却只有

27万人，同比减少11万人，到了2017年上半年，从业人员进一步下降，只有22万人。

到了2017年6月底，根据《上海证券报》报道，中国证券投资基金业协会最新统计私募认缴规模半年时间增加3.35万亿元，实缴规模增加1.57万亿元。从2017年上半年的月度数据看，呈逐月增加态势。从私募基金细分类型看，私募股权投资几乎完全贡献了私募基金规模的增量，半年时间增长了1.51万亿元。2017年第一季度开始，超过8成的一线机构活跃程度远超去年同期。

所以对于一个平面的市场来说，没有什么比数据来得更直接、更有力量，这就是现在中国资本市场的股权投资现状——寒冬不寒，春暖花开。

中国并购的环球之旅

“因为中国人的战略很简单。如果你不是第一，你就会被淘汰；如果你是第一，你就能买下更新的技术。这是赢家通吃的游戏。”这是2017年6月1日泰国《曼谷邮报》中刊载的一段对中国阿里巴巴、腾讯和滴滴出行等行业巨头在东南亚开展并购业务的原因描述。

据瑞士信贷估计，单是2016年，中国对东南亚6个国家的直接投资几乎增加了1倍，显然在全球并购上的“速度”有了非常鲜明的体现。

2016年阿里巴巴以10亿美元控股东南亚在线零售商Lazada Group，2017年将再投10亿美元，将其所持股份从51%提高到83%，从而全面进入新加坡市场。腾讯在2016年投资了东南亚最具价值的新加坡游戏创业公司Sea Ltd，并于2017年投资印尼分享出行巨头Go-Jek。滴滴出行作为目前亚洲估值最高的创业公司，此前投资了东南亚的打车平台Grab。

中国科技霸主们在国内市场增长趋缓的形势下，迅速把目光投向了东南亚：一个人口两倍于美国且华人数量最多的地区。

毫无疑问，东南亚是与中国文化相似度最高、消费观念最接近的地区。这也就可能意味着，东南亚可以继续沿用行业巨头们在中国国内已被验证成功的价值选择和市场策略，投资当地的创业企业也就有了保障性基础。

而东南亚国家的经济发展潜力也非常可观，据国际货币基金组织的预测，到2022年，印度尼西亚、马来西亚、菲律宾、泰国和越南等东盟五国年增长率逾5%，将超过东北亚的平均增长率3%。

据《泰国邮报》报道，东南亚国家当前的情况与中国10年前类似：缺乏零售基础设施（这是阿里巴巴快速发展所需的），移动用户数快速增长（推动了微信的用户数增长），以及越来越多的中产阶级人群寻求休闲及高质量的商品（对腾讯和阿里巴巴的业务都非常必要）。

过去 10 年，中国科技霸主们在中国国内获得的人口红利，将在未来几年中在东南亚复写，这是一个非常简单的通行逻辑。

对于中国企业的“买买买”，以色列科技先驱尤西·瓦尔迪表示，中国科技巨头在国外夺取市场份额的凌厉举动让他想到 20 世纪六七十年代的美国。当时，美国企业开始向外寻求增长，结果成了跨国公司。不过这位以色列前辈显然是个乐观主义者，为什么这么说呢，后面我们会提到。

如果说在我们的近邻东南亚，复制国内的成功成了显而易见的选择，那么在更广阔的国际市场上，中国并购看上去更多的是在寻求产业链条的延伸与补足，但实际的情况我们不得而知。

据公开报道，海航集团（HNA Group）2016 年在并购领域活跃异常。2016 年 2 月，海航集团旗下的天津天海投资发展股份有限公司宣布收购美国计算机、网络和软件分销商英迈（Ingram Micro Inc.）的全部股权。英迈是全球最大的技术产品和供应链服务供应商，收购英迈的初衷是帮助海航集团的物流业务从物流运营商向供应链运营商转变。

2016 年 5 月，海航集团又紧锣密鼓地宣布旗下的海航旅游集团与卡尔森酒店集团（Carlson Hospitality Group，Inc.）

达成协议，海航旅游集团将收购卡尔森酒店（Carlson Hotels）100% 的股权，包括其在瑞德酒店集团（Rezidor Hotel Group）持有的约 51.3% 的股权。卡尔森酒店是全球规模最大的酒店集团之一，拥有丽笙连锁酒店（Radisson）。正在运营和在建的酒店数量为 1400 家，员工总人数约为 9 万名。

2016 年 10 月，金融控股公司 CIT Group 表示，公司将旗下的商业飞机租赁业务作价 100 亿美元出售给中国渤海金控投资股份有限公司，也就是渤海金控旗下的子公司 Avolon Holding Ltd.。渤海金控的前身正是海航集团旗下的“渤海租赁”，其于 2016 年 2 月更名为中国渤海金控投资股份有限公司，这笔交易将会诞生出全球第三大飞机租赁公司。

同样是在 2016 年 10 月，中国海航旅业宣布将从酒店运营商希尔顿国际控股（Hilton Worldwide Holdings）的最大股东黑石集团（Blackstone Group）手中以 65 亿美元的价格收购 2.475 亿股的希尔顿股票。交易完成后，海航集团将持有希尔顿 25% 的股份，成为该公司的最大股东。

如果说海航集团在全球物流、航空业、酒店业的一路扫货让大家实在“看不懂”，那么近几年万达在全球的高调布局也不是王总一句“走轻资产路线”就能打发人们种种猜测的。

首先 2016 年 1 月，万达集团宣布以不超过 35 亿美元现金收购美国传奇影业公司（Legendary Pictures），这是中国企业在海外的最大一桩文化产业并购。

2016 年内，万达旗下的美国院线 AMC 娱乐控股完成对欧洲最大院线 Odeon & UCI 影院集团的收购，Odeon & UCI 在欧洲拥有 242 家影院和 2236 块银幕，占据欧洲约 20% 的市场份额，在欧洲主要大国电影市场份额中排名第一。该起收购最终通过欧盟批准，2016 年 12 月 2 日成功完成交割。至此万达所有的 AMC 娱乐控股公司（AMC Entertainment Holding Inc.）正式成为美国最大的连锁影院运营商。从而万达也完成了其在北美、欧洲、中国世界三大电影市场的布局，形成全球的院线布局，在三大电影市场都占据领先地位，成为具有绝对优势的全球最大院线运营商。

2016 年 11 月，万达集团宣布以约 10 亿美元收购美国 DCP 集团（Dick Clark Productions，Inc.）100% 的股权。DCP 集团是美国著名电视节目制作公司，拥有金球奖、全美音乐奖、公告牌音乐奖（Billboard）、美国乡村音乐奖等颁奖典礼和纽约新年倒数晚会等权益。

到了 2017 年，融创中国以 630 亿元人民币收购万达旗下 76 个酒店，13 个万达文旅城的举措，使得万达全球并购的意义更加凸显了出来。仅根据公开信息的梳理，万达海外收购及投资已经超过 2300 亿元人民币，2016 年则成为万达海外并购数量最多的年份，一共并购了十几家国内外企业。

从万达早已经快速开启的全球计划，再到卖掉了国内的地块，以及在法国、印度，乃至未来在一带一路都留下了万达城的印记，作为全球最大的五星级酒店业主，万达在海外市场插满了王健林雄心壮志的旗帜。

2015 年，我国对外直接投资为 1456.7 亿美元，在实现连续 13 年的快速增长后，中国的对外投资在当年站上了全球第二的位置，同时中国企业对外投资总量也首次超过外国企业对华投资总量[⊖]。

根据商务部网站消息，2016 年，中国对外累计实现投资 1701.1 亿美元，同比增长 44.1%，海外投资再创新高（见图 2-2）。

当然这种由着性子的“买买买”受到了监管层的控制，从 2016 年年底开始，监管层大力整顿“非理性海外并购”。

根据商务部统计，2017 年上半年的数据显示，中国对外非金融类直接投资累计达 481.9 亿美元，同比下降 45.8%。尤其是房地产、文化、体育和娱乐业等海外投资同比下滑超过 82%，大幅回落，效果显著。而与之形成对比的是租赁和商务服务业、制造业、批发和零售业以及信息传输、软件和信息技术服务业成为资金流向的热门领域，分别占同期投资总额的

⊖ 数据来源：《2015 年度中国对外直接投资统计公报》。

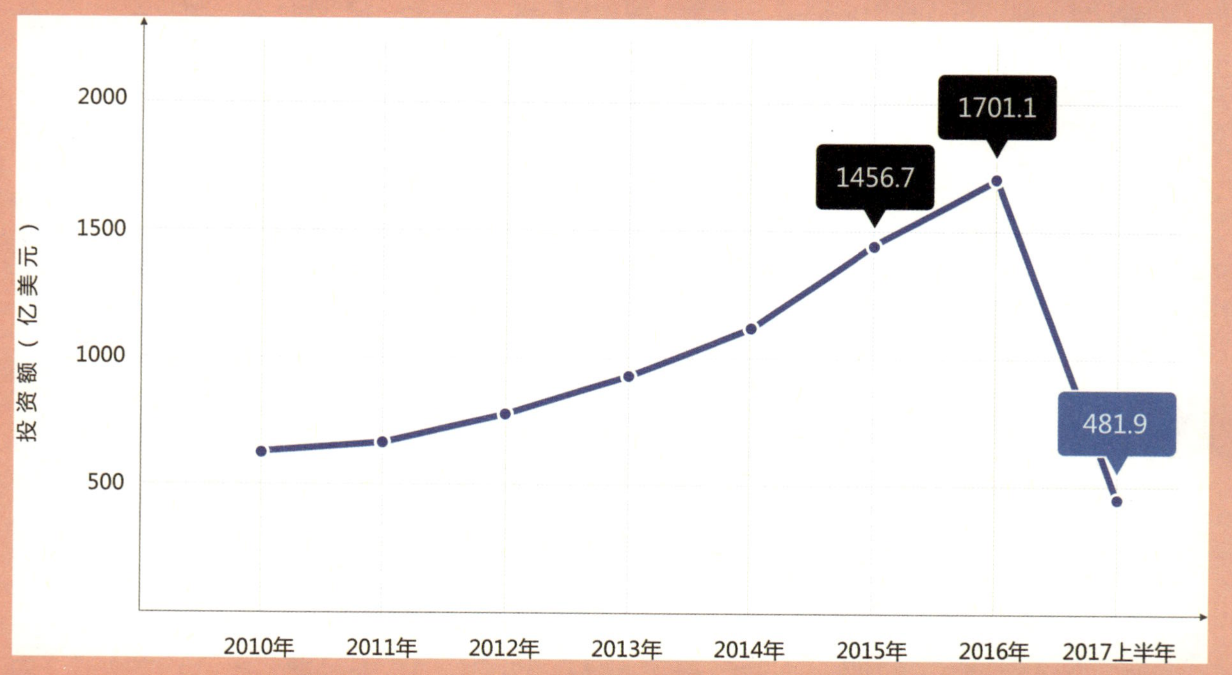

图 2-2　中国对外直接投资趋势

28.3%、18.3%、12.7% 和 11.4%（见图 2-3）。王健林主动表态："积极响应国家号召，我们决定把主要投资放在国内。"而在之前，王健林曾对外宣称"自己辛苦赚的钱，爱往哪儿投就往哪儿投。"究其原因，我们可以看看下面美的收购德国库卡工业机器人的案例。

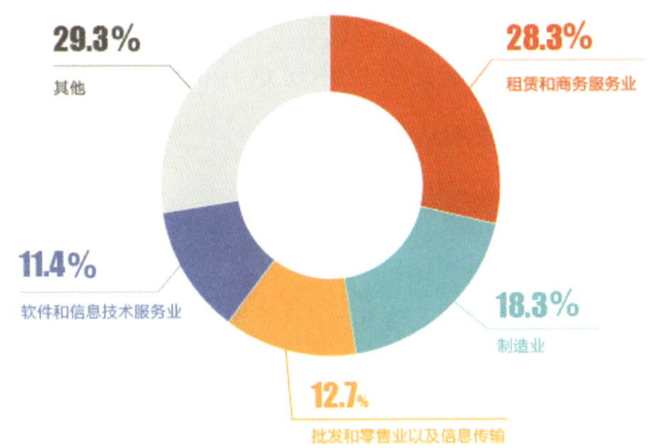

图 2-3　2017 年上半年中国对外非金融类直接投资行业分布

美的对于德国库卡工业机器人的收购尽管金额不大，但对其战略意义突出。2016 年 6 月，美的集团正式提出以 45 亿欧元收购库卡集团，并重申收购不少于 30% 股份的目标。库卡集团与日本发那科、瑞士 ABB 以及日本安川电机并称全球工业机器人四强，汽车工业是其最重要的市场。2017 年 1 月 6 日，本次收购正式完成，美的靠着"买买买"也一跃进入全球工业机器人的四强行列。

2017 年 6 月 26 日，据国外媒体报道，美的集团正在寻求 40 亿欧元左右的再融资，取代金额相近、支持其收购德国库卡工业机器人的过桥贷款。中国银行是这宗再融资的牵头行，而其他几家银行正在寻求加入。显然，当初爆买刷的“卡”，到了还款日依然是愁得人脑袋疼。

中国式并购不只是像 20 世纪六七十年代的美国式扩张，20 世纪 80 年代的日本同样也走过这样的一条海外并购之路，这也是为什么我们在前边提到以色列科技先驱对中国的跨国企业发展之路相对乐观。

让我们再来回顾一下 20 世纪 80 年代日本的海外并购。广场协议后日元大幅升值，楼市和股市屡创新高，日本企业变得空前富裕。拥有大量货币的日本企业，扬言要买下半个美国，掀起了一场日本企业海外并购的热潮。而这些海外扩张带有明显的投机色彩，在日本国内资本泡沫破灭后，股市、楼市双双大跌，企业价值严重缩水，日本企业只能选择撤退回岛。

与 20 世纪 80 年代的日本企业情况不同的是，如今的中国企业却并没有那么多的“钱”。在当前的成功并购案例中，尽管产业的延伸与补足是中国企业对外抛出的重点，但海外并购通常都是现金交易，并购后的新资产还要和已有业务“整合加工再发展”，还是需要持续性的投入。

所谓“国内借钱、海外并购”，过度依赖国内银行“内保外贷”的高杠杆并购成了监管层关注的重点。看上去中国并购环球之旅轻松惬意，仿佛并购如探囊取物，然而这种“财大气粗”式的爆买，却同样脱离了价值曲线。截至 2016 年披露的海外并购成交价格平均为标的净资产的 9.22 倍左右，2016 年国内并购市场平均溢价 10.7 倍[⊖]，“物美价廉”显然是不存在的，这同样也违背了价值规律。

毋庸置疑，并购方的高负债是在并购后最大的问题，就好比一个人借了一笔钱购置了一辆玛莎拉蒂，保养费、保险、油费、车位费等就成了之后每一天的负担，更何况借的钱总是要还的。

万达卖掉的 700 亿元国内资产，王健林表示收回的现金都将偿还银行贷款。海航也表示我们“资产负债率”一点都不高，同时公开否认了国外大银行对其停贷的说法。

中国互联网公司的最大并购案由腾讯缔造，2016 年 6 月，腾讯控股宣布收购日本软银集团以及部分员工所持的最多约为 84.3% 的芬兰移动游戏开发商 Supercell 股权，总对价为 86 亿美元，也是近年全球手机游戏行业最大金额的并购。收购完成后，按收入衡量，腾讯公司已经成为全球最大的游戏发行商，超过了艺电（Electronic Arts Inc.）和动视暴雪（Activision

⊖ 数据来源：华东师范大学上海并购金融研究院。

Blizzard Inc.）等更具知名度的美国公司。

当然这不是腾讯第一次涉足海外游戏厂商并购了，根据公开报道，早在 2005 年，腾讯并购了韩国网游开发商 GoPets Ltd.，实现首次出海；2010 年腾讯联手风投基金 Capstone Partners 在韩国打包投资了 7 家游戏开发公司；2011 年以 4 亿美元收购了美国游戏开发商 Riot Games ；2012 年以 3.3 亿美元拿下 Epic Games 48.4% 的股权；2015 年收购手游开发商 Glu Mobile Inc 14.6% 的股份，作价 1.26 亿美元，而这家公司正是以好莱坞名媛金·卡戴珊为主角的手游《金·卡戴珊：好莱坞》的出品商。期间腾讯还收购或投资了其他一些游戏厂商，可以说大部分并购标的都集中在了手游开发企业。业内普遍认为，腾讯的投资手法更像一家专业的投资机构，而不只是买买买的“壕”。“小马哥”马化腾表示：“自从进入手游运营后，很多精力都在布局全球手游，这是我们的主业。”

腾讯相应的在2017年推出手游《王者荣耀》，一时风光无限。人民网三评《王者荣耀》：是娱乐大众还是“陷害”人生、加强“社交游戏”监管刻不容缓、过好“移动生活”倡导健康娱乐，惹得小马哥做客人民网喝茶聊天，也成了年中最火热的段子之一，从侧面也反映了腾讯在游戏产业的“王者杀气”。同时，腾讯也曾一度成为中国市值最高的企业，超过了阿里巴巴。

海航集团、万达集团、美的、腾讯是中国式并购在不同行业的代表性企业，2016年民营企业成为中国海外并购的绝对主力，在已披露的成功交易案例中，占到8成以上。

一个值得关注的现象是，传统的技术强国德国成为热门投资地。德国联邦并购协会总经理马德库里格曾经公开透露一则数据：德国累计已有约200家企业被中国并购。根据美国贝克·麦坚时律师事务所与荣鼎咨询公司联合发布的海外并购报告显示，2016年，中国对德国投资增长将近10倍，从2015年的13亿美元暴增至2016年的121亿美元，2016年共计15起并购交易排在了第一位。这也显示了，我国在制造业、高新技术上的短板，市场希望用并购迅速弥补产业缺失。为此，德国在2017年也通过了新法规，规定政府可在关键技术有可能落入非欧盟买方手中的情况下，阻止外资收购德国企业超过25%的股份，以加强保护国内关键技术。此外，德国政府评估这些并购交易的时间也将从 2 个月增至 4 个月。

价值投资、盈利为王无论是在国内的股权投资还是在海外的并购中都是要尊崇的不二法则。在东南亚的“复制粘贴”或者在欧洲美国的非理性“合并同类项”都不能解决中国产业升级的关键性问题，对于用 40 年的时间走过发达国家 200 年发展历史的中国股权投资而言，挑战不言而喻。

三十而立的中国股权投资

中国的股权投资只有“30 岁”，与在股权投资上发展起来的美国相比呈现出完全不同的历史形态。

中国的股权投资开始于 1987 年中国风险投资有限公司的成立，然而真正的起步，却到了 1989 年，IDG 所属的 IDG 技术创业投资基金（原太平洋技术创业投资公司）于 1989 年 11 月在北京进行了第一个试验项目的风险投资。1991 年熊晓鸽以 IDG 董事长亚洲业务开发助理的身份回国考察，据说当时与其一同来考察的还有一些大牌的外资投资机构，他们都劝熊晓鸽不要投资，因为中国连懂基金管理的人都没有。此后陆续有美元基金，包括著名的黑石集团都曾到中国探路，但大部分都采取观望的态度，理由是“中国的相关环境并没有得到明显改善”。

然而到了 1993 年，事情发生了实质性变化，IDG 在中国创立太平洋风险技术基金（现更名为IDG资本），IDG在熊晓鸽的带领下以美元基金进军中国，做了第一个吃螃蟹的人，并开始大规模地进入中国市场，先后在北京、上海、广东、天津、深圳等地设立了自己的风险投资管理公司。随后华登国际、汉鼎亚太、中国创业投资有限公司、美商中经合等也进入中国。

上面事件背后的时势是什么呢？

中国的资本市场，在1990年发生了一件大事。

上海证券交易所（以下简称“上交所”）于1990年12月19日开始正式营业，深圳证券交易所（以下简称“深交所”）也于同年的12月1日成立。两年后，1992年10月，中国证监会成立，标志着中国资本市场纳入统一的监管框架。

中国的资本市场是伴随着这两个交易所的成立而正式诞生的。当时的资本市场主要服务于国企的融资。但国企公开市场融资很有可能会产生国有资产的流失，所以为了防止国有资产流失，国企则将非控股股权放到市场上去进行融资，因此当时的中国股市是非全流通的股市，非流通股股票和流通股股票双轨制同时存在，就这样一直持续了15年之久。而且，由于中国最初对资本市场的定义是服务于国企融资，所以最初两年国企上市的时候基本都是靠指标分配，省政府和省金融部门根据本省国企的经营状况选择优秀的国企上市，直到1992年才产生了第一个民营企业上市。

1992 年 6 月 2 日，由香港华源电子科技有限公司发起的深圳华源实业股份有限公司（000014）在深圳证券交易所开始挂牌交易。这是当时第一只不存在国家股的上市公司，即是第一家民营控股的上市公司。

中国民营企业上市融资开始艰难起步。

深圳华源当时主营的电子业务，后因连续亏损，被带上 ST 的帽子。2000 年 10 月，国有独资的沙河集团介入公司重组，并通过股份受让，成为公司第一大股东。公司更名为沙河股份，并转型房地产业务，同时也告别了民营企业的背景。

1992 年中国第一家民企的上市，意味着社会资本股权投资在中国变得切实可行，所以 IDG 选择在这个时间点进入中国，也开启了美元基金占据国内股权投资市场主流的时代。

从 1998 年开始，世界资本市场上刮起了一阵互联网巨浪，持续到 1999 年下半年，互联网泡沫破灭，引起了美国股市熊市。而由于 1998 年世界资本市场互联网风潮的推高，中国开始提出是不是应该有一个市场能够接纳高科技或者互联网类型的公司？这个时候中国提出来要建造中国的“纳斯达克”——创业板，但随着美国的互联网泡沫破灭，中国的创业板也变得遥遥无期。

在 2000 年以后，全球最大的四家 PE 基金，黑石集团（Blackstone Group）、凯雷投资集团（Carlyle Group）、KKR

集团以及德州太平洋集团（Texas Pacific Group，TPG）都设立了针对中国市场的办公室，甚至像D-E-Shaw这样的对冲基金也针对亚太地区做私募股权和房地产投资，中国成为它们的首选。10年前阻止IDG到中国投资的著名投资机构，随着美国互联网泡沫的破灭，也涌向了中国。

20世纪90年代中国还是指标化的年代，而中国的上市审核制度从1996年才开始走向完善。1998年11月16日，时任全国人大常委会委员长的李鹏第二次来到深交所，进行《证券法》的立法调研。同年12月29日，第九届全国人大常委会第六次会议通过了《中华人民共和国证券法》，1999年7月1日起正式实施。

1999 年 1 月 15 日，深交所向中国证监会提交《关于进行成长板市场方案研究的立项报告》及其实施方案。

1999 年，深圳市政府出资并引导社会资本出资，设立了专业从事创业投资的有限责任公司——深圳市创新投资集团有限公司（以下简称“深创投”），致力于培育民族产业，主要投资于中小企业、自主创新高新技术制造业和新兴产业企业、初创期和成长期及转型升级企业。

2000 年 8 月，经国务院同意，中国证监会决定由深交所承担创业板市场的筹备任务，同时停止深交所主板新公司上市。

2004 年 5 月 17 日，经国务院同意，中国证监会批复同意在深交所设立中小企业板块。5 月 27 日，中小企业板启动。6 月 25 日，中小企业板首批 8 家公司上市。中小企业板的规范发展，成为全球范围内最为成功的中小企业市场之一，中小企业板的成功实践为创业板的推出开辟了道路。

2004 年 1 月 31 日国务院颁布了《关于推进资本市场改革开放和稳定发展的若干意见》(简称“国九条”), 明确指出要“积极稳妥解决股权分置问题”。随后，有关部委共同组成了 6 个专题工作小组。

2005 年 4 月 29 日，经国务院同意，中国证监会发布了《关于上市公司股权分置改革试点有关问题的通知》，标志着股权分置改革试点工作正式启动。

2006 年年底，深交所上市公司的股权分置改革率先基本完成。股权分置改革、证券公司规范治理和上市公司综合治理解决了长期困扰资本市场发展的主要障碍，也为推出创业板进一步创造了条件。

至此，中国资本市场走过了 16 个年头，股权分置改革完成。

2008 年，严重的国际金融危机波及全球经济。为实现中国经济持续健康发展，各界呼吁尽快推出创业板。2008 年 3 月 21 日，中国证监会就《首次公开发行股票并在创业板上市管理办法》向社会公开征求意见。2008 年 12 月 8 日，国务院办公厅发布《关于当前金融促进经济发展的若干意见》，明确将“适时推出创业板”。

2009 年 10 月 23 日，创业板正式启动。2009 年 10 月 30 日，首批 28 家创业板上市公司集中上市，同时也开启了创业板不可望其高的世界最高市盈率时代，中国创业板成为中国股市的标杆，“梦之队”纷纷在创业板登顶。

伴随中国股权投资市场成长的明星基金管理人，各个都拥有着远高于行业平均成功率的骄人战绩，按照投资机构自己公布的在全球市场上市或成功退出的案例数来计算，IDG 资本投资成功率达到了 25%，即使除去在新三板挂牌这样流动性较差的退出方式，成功率也最少在行业的3倍以上。达晨创投作为最早立足中国创业投资前线——深圳的本土投资机构之一，上市或成功退出成功率都达到了24%。而如今已成为行业领军代表的深创投，2010年所投企业IPO 24家，创造了一年内IPO数量的创投世界纪录。

2009年以后，中国股权投资行业站上了一个全速前进的快车道，风驰电掣、急剧膨胀。时间轴再次拉回到本章节的一开始，中国的股权投资市场经历了美元基金的繁盛再到人民币基金的崛起，从“VC投资PE化”到“早期项目后期化”，不到10年的时间，中国股权投资走上了价值投资的发展道路。[1]

站上跑道的“国家队”

2010年以后中国资本市场发展迅速，2015年中国股权投资增速为全球第一[2]，达沃斯世界经济论坛评中国为“最适合创业和就业的国家”。相对于全球市场，中国股权投资市场在“大众创业、万众创新”背景下的发展速度更为引人注目。

好了，让我们再次回到现在，到了2016～2017年，资本市场最风生水起的事件是什么？当之无愧是——股权投资的

[1] 资料来源：中国证券监督管理委员会、上海证券交易所、深圳证券交易所、IDG资本、达晨创投、深圳市创新投资集团有限公司网站。

[2] 数据来源：Preqin。

“国家队”！

2016 年 8 月 8 日，中国国有资本风险投资基金股份有限公司在深圳前海注册成立，首期规模 1000 亿元人民币，未来基金总规模约 2000 亿元人民币，主要投资于企业的技术创新、产业升级项目，促进中央企业间合作的同时，积极支持小微企业创新发展。这标志着经国务院批准设立、规模最大的“国家级”风险投资基金正式成立。

2016 年 9 月 26 日，中国国有企业结构调整基金股份有限公司在京成立。至此，国资委主导的两大国企改革基金均落地。国有企业结构调整基金总规模为 3500 亿元人民币，首期募集资金 1310 亿元人民币，是目前国内规模最大的私募股权投资基金。国资委主任表示，“设立国有企业结构调整基金将充分发挥国有资本杠杆放大作用和多种所有制资本相互促进作用，更好地发挥国有资本在结构调整中的引导作用，推动解决产业重点领域和薄弱环节的资金、市场、技术等瓶颈制约，最大限度地提高资源配置效率和国有资本使用效益，加快央企的结构调整和发展方式的转变。同时，基金是促进央企产业重组整合的重要纽带。”国有企业结构调整基金将重点投资于战略投资、产业升级、并购重组、资产经营四大领域，同时基金债权投资工具将更多地体现出夹层资本的特征。

2017 年 1 月 22 日，中国“又”一重量级国家型基金——

互联网投资基金成立了。中国互联网投资基金经国务院批准设立，由国家互联网信息办公室和财政部共同发起，基金规划总规模 1000 亿元人民币。中国工商银行、中信国安、中邮人寿、中国移动、中国联通、中国电信等 6 家战略出资企业共同签署合伙协议。而且在授信额度上，基金与中国工商银行、国家开发银行、中国农业银行等 3 家金融机构签署投贷联动协议，三家银行给这支基金授信总额达 1500 亿元人民币。这个投资基金是 2016 年以来成立的第三个巨型国家型基金。

2017 年 5 月 14 日，中国国家主席习近平在"一带一路"国际合作高峰论坛开幕式上宣布，中国将加大对"一带一路"建设的资金支持，向丝路基金新增资金 1000 亿元人民币，鼓励金融机构开展人民币海外基金业务，规模预计为 3000 亿元人民币。丝路基金有限责任公司董事长金琦表示，在过去两年中，丝路基金共投资了 15 个项目，总投资规模 60 亿美元，其中，70% 是股权投资，现已完成 40 亿美元投资，丝路基金的定位是股权投资（见图 2-4）。

成立时间	名称	预计总规模
2016年8月8日	中国国有资本风险投资基金	2000亿元人民币
2016年9月26日	中国国有企业结构调整基金	3500亿元人民币
2017年1月22日	中国互联网投资基金	1000亿元人民币
2017年5月14日	丝路基金	3000亿元人民币

图 2-4　国家型基金成立时间及其预计规模

至此，“国家队”在境内外股权投资领域拉起了全面阵线。

中国的股权投资“国家队”也不是现在才发明的，其实从1999年就开始有政府引导基金，上海市政府批准成立了国有独资的上海创业投资有限公司，而深创投也是在这一年成立的，并从一开始就有社会资本的参与。只是2015年之前大家对政府引导基金的认知和接触少之又少。如果我们把政府引导基金也排一下所谓的1.0、2.0、3.0版本，那么1.0版本的政府引导基金就是直投；2.0的版本是一部分子基金、一部分补贴，再加一部分直投；3.0版本就是今天我们看到的完全作为母基金的形式或者母基金再去引入社会资本进行放大的政府引导基金。

股权投资“国家队”经过近三年的发展，其实也在不断升级。

2015年整个中国政府引导基金就开始呈现井喷式的发展，2015年12月财政部发布《政府投资基金暂行管理办法》后，2016年2月财政部又发布了《关于财政资金注资政府投资基金支持产业发展的指导意见》，进一步明确政府投资基金应按照“政府引导、市场运作，科学决策、防范风险”的原则进行运作。我们预计2017年批下来的万亿级人民币政府引导基金，将在未来2～3年投向市场，每年将会再引导万亿级的市场资金参与到实体企业中来。

所以，“国家队”使得股权投资基金规模一下子就起来了，并且“国家队”也全部进入了规模化、市场化的发展阶段。但是大家要注意的是，这种发展阶段不是 4 ～ 5 年完成的，而是在 1 ～ 2 年中快速完成的，这奠定了中国股权投资市场未来 20 年大发展的基础，这也是我们在过去 30 年当中从未见过的事情。

第三维
金融全局

好，接下来我们继续来升维，该从平面到立体了。

有很多知投资本的老朋友都知道我们的知投学院，也在学院里学习交流过。从 2015 ～ 2017 年，上过我们线下股权投融资实务课的朋友超过 2000 人，线上课的朋友也超过了 10 万人。熟悉课程的朋友都知道，第一课必讲金融全局观（见图 3-1）。

理解事物具有全局思维是至关重要的，本书的诞生还含有我们的一个初衷，那就是为大家提供一本举重若轻的股权投资读物，从全新的视角重新看待股权投资，并从中理解金融的奥秘。

首先，我们来看一个教材型的概念，什么是金融市场？

> 金融是指货币资金的融通，则金融市场就是货币资金融通市场，是指资金供应者和资金需求者双方通过金融工具进行交易而融通资金的场所。在金融市场上，资金的供给者通过投资金融工具获得各种类型的金融资

金融全局观
货币市场
Money Market
银行
信托
融资租赁
资管
典当
担保
保理
小贷
资本市场
Capital Market
一级市场
种子
天使
VC
PE
Pre-IPO
上市
继续资本市场运作
二级市场
黄金
债券
股票
期权
贵金属
大宗商品
外汇
期货

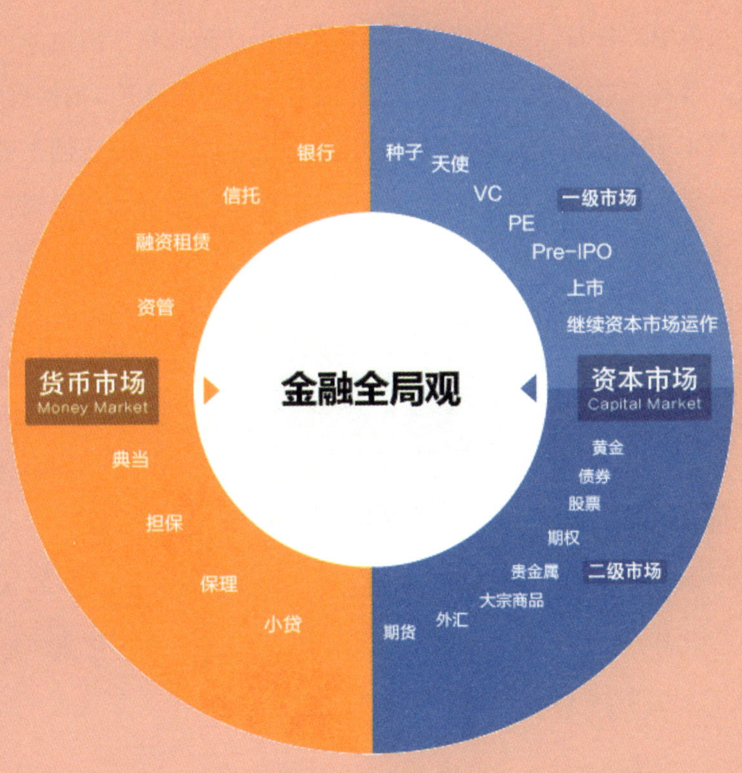

图 3-1　金融全局观

> 产，金融资产的利益或价值是对未来现金的要求权。从本质上来说，未来支付现金的一方称之为金融资产的发行者，金融资产所有者称之为投资者。⊖

简单点来看，无论是个人还是企业，从金融资产增值的角度，都具有广泛的投资需求，我们投资并希望获得更多的回报。既然本书的重点是阐述股权投资，那么这一章就是让我们来了解“股权投资”在金融市场上所处的位置，从而更好地理解股权投资的特点与价值。

其实，金融全局就是投资的第三维，到了这一维，你会看到一个立体的金融世界，一个包罗了股权投资市场、股票交易市场、银行、保险、证券等多个平面的立体世界。

立体金融之一：“钱生钱”的货币市场

就像世界上的人分成男人和女人一样，金融市场从“二分法”来看，在西方经济学和货币银行学里，金融市场按照期限来分，可以分为货币市场和资本市场。

> 货币市场又称短期金融市场，是指专门融通一年以内短期资金的场所，主要解决市场参与者短期性的周转

⊖ 中国证券投资基金业协会．证券投资基金 [M]. 北京：高等教育出版社，2015.

和余额调剂问题。资本市场又称长期金融市场，是指期限在一年以上的有价证券为交易工具进行长期资金交易的市场。[㊀]

这是传统教材上的定义，但是这个定义对现在的现实生活还适用吗？比如 3 年期银行定存的产品属于货币市场还是属于资本市场？这个问题如果套用传统教材上的定义来进行分析就会看出：显然用“一年以内、一年以上”来区分货币市场和资本市场完全不足以说明问题，也不符合现代金融的需要。我们需要从业务本质去理解相关定义，货币市场实质是一个“钱生钱”的市场，其基本特性是“抵质押物”和“还本付息”。

“钱生钱”是指货币市场产生价值的方式主要是依靠资金本身的增值。把房产股票等具有价值的财物抵押给别人，在还本付息的时候借贷方就可以基于货币具有的时间价值，在未来的一段时间后，获得在本金之外附加的一定数额的利息。

我们用一个特别简单的例子翻译一下这段话。

假设今天甲借给乙一块钱，约定年化利息是 10%，第二年的这个时候乙则需要向甲还款一块一毛钱，这多出的一毛钱就是甲的收入。甲获得的一毛钱没有跟任何实体经济发生关系，这就是纯粹基于“钱生钱”这一规则产生的价值。

㊀ 中国证券投资基金业协会 . 证券投资基金 [M]. 北京：高等教育出版社，2015.

如果我们将这个例子再推进一步，甲借给乙的这一块钱，并不是他自己的，而是向旁边的丙借的，甲与丙约定的年化利息是 5%。那一年以后，乙还甲一块一毛钱，甲还丙一块五分钱，则多出来的五分钱就是甲的年化净利润。在这个过程中对于甲来讲什么都没有付出。而甲赚的这五分钱叫作“存贷差”，这就是货币市场“钱生钱”的关系，它可以不用依赖于实体经济发生。

“存贷差”就是银行最为传统，也最为经典的商业模式，知道了以上的概念，再来理解银行的定义就比较容易了。银行，是金融领域最重要的主体，也是最核心的金融牌照。在我国需要审批，金融机构必须拥有金融机构经营许可证，即通俗意义上的金融牌照，才可开展的货币市场金融业务主要包括银行、信托、金融租赁、小额贷款、典当、保理等。

那么到底什么是银行？

> 银行是依法成立的经营货币信贷业务的金融机构。其特征是以存款为主要负债，以贷款为主要资产，以办理转账结算为主要中间业务，直接参与存款货币的创造过程。[㊀]

按照银监会发布的数据，我国 2016 年的银行业资产总额

㊀ 李健 . 金融学 [M]. 北京：高等教育出版社，2014.

突破220万亿元人民币大关，相比2011年年末翻了一番。还记得之前说私募股权投资基金认缴总额是多少吗？2016年首度突破10万亿元人民币。10万亿已经是一般人很难想象的一个数字了，而银行业资产总额是这个数字的22倍。

今天的货币市场揽储成本越来越高，而贷款利率越来越低，存贷差的差额就越来越小，也就是赚的钱越来越少，那么该怎么办呢？对于银行来讲，如果要扩大利润的话，揽储成本越低越好，贷款利率越高越好。所以说银行贷款的主要对象是那些平均净利率很高的行业，换句话说也就是非常赚钱的行业，我付出1块钱成本，能获得1块2或1块3的回报就是非常赚钱的行业。对于那些平均净利率很低的行业，当它的净利率不足以支付银行利率的时候，银行是不会贷款给这样行业的。换句话说，一个不怎么赚钱的企业，如果它一年的利润根本不够还银行的贷款利息，那么银行怎么会把钱借给它呢。

银行可供贷款的对象其实是非常有限的。

在新经济常态下的今天，中国多数的实体经济行业净利率都在5%以下，传统制造业已经低至3%以下，例如纺织行业一般都是在1%左右，这些数字根据上市公司的年报都很容易计算得出。理论上来讲最理想的贷款客户曾经就是房地产业，因为房地产行业的平均净利率足够高。在六七年前房地产业的平均净利率可达27%以上，远远超过银行的贷款利息。

2009年开始，国家收紧开发贷款额度，房地产业变成了国家限制的银行贷款对象。银行承担巨大的利息压力，因此开始通过信托把钱贷给房地产开发商。到了2016年，根据中国人民银行公布的数据，按揭贷款成为银行贷款的主要投向，几乎撑起银行新增贷款的“半壁江山”。在民间固定资产增速“断崖式”下跌的背景下，企业部门信贷需求不足，银行则将大部分新增信贷投向了住房按揭贷款领域。

从2009年开始，信托进入了我们的视野。

> 信托公司是指主要经营信托业务的金融机构，它以信托委任为基础、以货币资金和实物财产的经营管理为形式，融资和融物相结合的多信用行为。《中华人民共和国信托法》（简称《信托法》）第二条规定，信托是指委托人基于对受托人对信任，将其财产权委托给受托人，由受托人按委托人的意愿以自己的名义，为受益人的利益或者特定目的，进行管理或者处分资产的行为。㊀

简单来说，信托是“受人之托，代人理财”，它作为一种严格受法律保障的财产管理制度，通过基本的三方关系即委托人、受托人和受益人，更安全、更高效地转移或管理资产。

日常生活中，信托公司的称呼众多，如信托银行、信托投

㊀ 李心丹．金融市场与金融机构[M]．北京：中国人民大学出版社，2013.

资公司和信托基金管理人等。2009 年之后，在偏紧的信贷融资环境下，企业能够承受较高的融资成本，加之信托资金使用的灵活性，实业企业对信托融资的接受程度和实际需求都大大增加，信托也逐渐火了起来。

> 信托一般有三类，国外常见的是家族信托，国内主要有单一资金信托计划和集合资金信托计划两种。集合资金信托计划，是指由信托公司担任受托人，按照委托人意愿，为受益人的利益，将两个以上（含两个）委托人支付的资金进行集中管理、运用或处分的资金信托业务活动，可以面向大众来集合募集的产品。（《信托公司集合资金信托计划管理办法》银监会令 2007 年第 3 号）单一资金信托计划，顾名思义就是单一的资金方信托。

信托与银行的区别在于它不能像银行一样无限制地吸收存款。

信托收取的手续费非常低廉，通常只有千分之几甚至万分之几。但是，银行理财资金量庞大，且信托公司不承担实质性风险并可“抵质押物”，因而银信合作业务受到信托公司的欢迎，这也就是我们经常听到的“通道业务”之一。因此信托成为足够庞大的金融主体，在信托黄金时期的那 3 ～ 5 年，一个信托公司的信托经理往往年综合收入都可以达到百万元。

信托的黄金期止于 2013 年信托出现第一起风险兑付的事

件:“中信信托·舒斯贝尔特定资产收益权投资集合信托计划”项目,项目公司工程严重停滞,中信信托司法申请拍卖抵押土地。这起事件发生以后,国家发现由于信托是基于刚性兑付的,它涉及的集合资金信托计划可能会导致一些不稳定因素,于是国家开始出台了对信托的限制政策。信托也被限制投向房地产业,那钱该何去何从? 这个时候,另一个通道业务——“资管”应运而生。

在我国,有三种公司的名称都可以简称为“资管”。

第一种是“金融资产管理公司”,指专业处置银行剥离的不良资产的机构,通常是在银行出现危机或存在大量不良债权时由政府设立的。我国的金融资产管理公司是经国务院决定设立的收购国有独资商业银行不良贷款,管理和处置因收购国有独资商业银行不良贷款形成的资产的国有独资非银行金融机构。金融资产管理公司以最大限度保全资产、减少损失为主要经营目标,依法独立承担民事责任(《金融资产管理公司条例》中华人民共和国国务院令第297号)。

四家著名的金融资产管理公司,即中国华融资产管理公司、中国长城资产管理公司、中国东方资产管理公司、中国信达资产管理公司,分别接收从中国工商银行、中国农业银行、中国银行、中国建设银行剥离出来的不良资产,也就是我们俗称的“四大”资管公司。

第二种“资管”公司是指外延更广的资产管理公司，涵盖诸如公募基金、商业银行、投资银行，以及证券公司设立的资产管理部或资产管理方面的子公司，主要面向个人、企业和机构等，提供的服务主要有账户分立、合伙投资、单位信托、资产证券化等。继信托之后，资管业务开始兴起，最开始出现在公募基金的子公司中。

这个时候资产管理公司的崛起，正好替代了信托成为银行资金的下一个通道。第三种简称“资管”的公司，其实际业务是民间借贷，我们接下来会提到。

融资租赁大家都比较熟悉了，货币市场上有一种业务的操作实质是与银行贷款业务相对的，那就是融资租赁。《中华人民共和国合同法》第二百三十七条规定，融资租赁合同是出租人根据承租人对出卖人、租赁物的选择，向出卖人购买租赁物，提供给承租人使用，承租人支付租金的合同。

> 融资租赁是指由出租人融通资金为承租人提供所需设备，具有融资、融物双重职能的租赁交易，是一种同时解决设备需求和资金需求的货币市场业务方式。银行贷款业务对资产的要求是抵质押物，没有改变资产的所有权，而租赁是由租赁公司掌握所有权，并把本金和利息变成租金的模式。

融资租赁这个业务概念还包含金融租赁。

金融租赁又叫资本租赁，是一种通过融资租赁形式获得资金支持的金融业务。通常由使用设备的机构或个人提出要求，租赁公司或其他金融机构作为出租人，出资购买设备并将其交给承租人也就是融资者使用。租期内由承租人向出租人以租金的方式支付资金使用成本。承租人对租赁对资产只有使用权，没有处置权，租期结束时租赁资产经残值处理后可归承租人。设备的所有权属于租赁公司，承租人在完成还本付息之后有可能所有权有可能转移给承租人，也有可能不转移，根据业务初始的谈判条件而定的。[⊖]

看概念似乎没感觉到有太大差别，那么金融租赁和融资租赁的区别到底是什么呢?

简单来说，金融租赁的规模很大，所涉及的业务层面是比较复杂的。比如，南航想要买 100 架飞机，每架飞机 10 亿元，那总共需要花 1000 亿元。1000 亿元对于南航来讲是很大的流动性资金压力，但由于业务需要又不得不买这 100 架飞机，这个时候南航就去寻求大型金融租赁公司的帮助，金融租赁公司出资 1000 亿元来购买 100 架飞机。南航与金融租赁公司签署一个 20 年还本付息的合同，20 年后，假设南航总共还款 2000 亿元，如果不考虑这 20 年之间的融资成本，金融租赁公司用

⊖ 李健．金融学 [M]. 北京：高等教育出版社，2014 年．

这20年的时间赚了1000亿元。

我们再来看一个例子，比如一个农民想买一台价值8000元的拖拉机，但是他负担不起，这时候农民去找一家专门做农机具的融资租赁公司，然后和这家融资租赁公司签订一个3年的合同。3年之后他可能需要还12 000元，可能是按月度还本付息，也可能是按月度还息到期还本。

从这两个例子就可以看出，金融租赁额度相对比较大，而融资租赁主要做民间小额业务。特别常见的、大部分人都能接触到的都是融资租赁，比如说，汽车租赁就是一种融资租赁。另外一种就是我们经常看到的做大型设备的企业，本身自己就有融资租赁公司，比如说三一重工、中联重科，它们都有自己的融资租赁公司。

金融租赁本身是由银监会监管并审批的，而融资租赁公司主要的审批单位是商务部，同时也需要金融办的审批。金融租赁与融资租赁的审批力度是不一样的，融资租赁相对容易。

担保也比较容易理解，一种是融资性担保，简称“融担”，“融担”才是真正意义上的担保，就是其字面意思，为信贷活动也就是“融资”提供担保的业务。融担是需要金融监管机构审批才能开展的业务，大部分融资性担保公司是由国企产生的，也就是在银行贷款的过程中，或者是别的具有放贷功能的业务中由于融资方本身征信不够，或者说相应的担保物、抵押物的属性不够，因此需要去寻求在银行承认范围内的担保公司来做担保。担保行业涉及的业务领域较为广泛，为不同经济主体提供专业风险管理服务并承担相应的风险，在消费、投资、出口以及税收和财政等各个环节都能发挥其信用评级、信用增级以及信用放大的作用（《融资性担保公司管理暂行办法》银监会令2010年第3号）。

具体的操作方法是这样的，在融资方给银行提供相应的抵质押措施和征信措施里面，在银行认可的融担名单之内找出一家可以和它发生融担关系的融担公司，然后去寻找其他的抵押物，将抵押物抵押在融担公司名下。然后融担公司有了抵押物后，出具担保条款协议，并放款。融担业务在通常情况下，会收取年化2%～3%的担保费用。

另一种是非融资性担保，常常是做民间借贷的公司借担保这个公司的名义，做的却是和担保的字面意思完全没关系的借贷业务。大家还记得前面我们提到“资管”业务的时候，也曾经出现“民间借贷”这四个字吗？

民间借贷非常有意思，它有四种常见的公司名称：担保公司、投资公司、投资管理公司、资产管理公司。当然并不是所有以上四种类型公司都是做民间借贷的。比如券商的投行业务经常也叫投资管理，刚刚讲到的“四大”资管公司，也叫资产管理，很多做股权投资基金的，也叫投资管理，而很多大型企业的直投业务，也由其专门成立的投资公司来担纲。上述叫同样名字的公司，却与民间借贷做着天差地别的业务。

民间借贷公司前几年的运营实际是钻空子，利用以上几种名字去注册公司，去工商局核名后一个月的时间就可办理完成。不通过事前审查，却获得了和有金融牌照的公司相似名称的民间借贷公司误导了很多吃瓜群众，以为带“担保”“投资”或“资管”的都是经过事前审查的，并获得了某种金融经营许可的公司。民间借贷公司利用这种“李鬼”名字进而在广大的一二三线城市的城乡结合部设立装修豪华的门脸，并违规吸储放贷。吸储成本比较高，变成了众多小而隐蔽的“影子银行”，加大了金融的系统性风险，与 P2P 一样，这几年造成了很多不幸的事件。

所以，2016 年 1 月开始，由北京迅速推广到全国，暂停注册名称内带“投资”“担保”“资管”以及“基金”等公司的新增注册。不得不说，过去两年这一防范金融风险的措施还是比较有效的。

我们经常听到的“小贷”准确地讲是指小额贷款。根据2006年中国人民银行小额信贷专题组编写的《小额贷款公司指导手册》，小额贷款公司是由自然人、企业法人与其他社会组织投资设立，不吸收公众存款，经营小额贷款业务的有限责任公司或股份有限公司。

小额贷款公司（以下简称小贷公司）也是需要经由区（县）政府向市金融办递交审批的，而且审批流程也比较严格。

第一，小贷公司有严格的区域限制。比如说，在北京市顺义区申请下来的小贷公司经营许可，就只能在北京市顺义区放款。

第二，小贷公司需要注册资金实缴。

第三，小贷公司第一年放贷的资金不能超过注册资金的 50%，且只能使用自有资金。

第四，小贷公司的经营许可非常有限，省级范围经营的小贷公司很难看到。在我们国家能批到省级范围经营资质的，一般来讲需要一个机构发起。比如说，某省的轻工业局为了扶植某省轻工业纺织业的发展，跟一个民间机构一起成立一家针对轻工业这个业务而做的小额贷款公司，成立之后虽然可以对全省放贷，但是也只能对全省的轻工业进行放贷。所以到目前为止具有省级资质小贷经营牌照的小贷公司相当少。

第五，小贷公司只能以注册资本为限来进行放贷。

第六，小贷公司单笔的放贷额度有严格的限制。

第七，小贷公司的放贷利息从法定来讲很严格，不能超过存款利息的 4 倍。

经营限制如此之多，那为什么还有很多人对此趋之若鹜呢？

小贷公司产生于 2005 年左右，国家同时配套出台一个政策，一家合法经营的小贷公司经营时间满 3 年以上，且满足一定的资质要求以后可以申请转为村镇银行，这在那个年代是唯一一个民营经济体拿到银行经营许可的方式。

2010 年年初全国村镇银行开始进行改造，国家鼓励民营经济体参股控股发起村镇银行，小贷公司风光不再。

典当是一种非常古老的金融业务类型，据考证，中国是最早有典当并形成行业的国家之一，出现在两汉时期。

所谓典当，是指当户将其动产、财产权利作为当物质押或者抵押给典当行，交付一定比例费用，取得当金，并在约定期限内支付当金利息、偿还当金、赎回当物的行为。通俗地说，典当也是要用有价值的实物抵质押物，还本付息借贷融资的一种方式。只要顾客在约定时间内还本付息，通常还要支付一定的综合服务费（包括当物的保管费、保险费），就可赎回当物。[⊖]

我们来举个简单点的例子，假设一个人资金短缺，然后走进一家典当行把手上的镯子取下来进行典当。典当行会对镯子进行评估，比如当前市场价评估100万元一个镯子，典当行会给典当人40万元，并要求一个月内偿付48万元才能赎回镯子。如果持续还不上钱，镯子就变成了绝当品，并归属典当行所有，典当行有权进行拍卖，或者进入流通市场直接售卖，典当行从而赚取中间差价。

现代典当行占据良好地段、豪华装修，但是却没人见过典当行开门迎客。

今天的典当行业务已经衍生成了民间借贷了。这是为什么呢？

我们都已经知道了货币市场的本质是抵质押物和还本付息，那么理论上来说典当这种模式是最安全的，每一笔借贷都一定是有抵质押物的。银行存款年化利率低于5%，而典当利息高，比如年化利率为12%，有些社会资金就愿意流向典当行，典当行再借贷给典当人，从中收取利差。当大量社会资金涌向典当

⊖ 根据商务部、公安部颁布，2005年4月1日起施行的《典当管理办法》规定。

行的时候，典当行本身的典当业务已经无法承担需要支付给资金方的利息了。假设一家典当行不做这项“业务”，则社会资金会流向第二家典当行，而第二家典当行如果存量资产、资金都比较大，客户就会自动流走，所以第一家典当行只能继续从事这项“业务”，并最终演化成“民间借贷”，这就是最初典当行参与民间借贷的整个过程。

并不是由于典当行从业者的趋利心理，而是由于典当业这种天然地符合货币市场两个本质的业务逻辑，导致典当业成为货币市场上最大的一个民间借贷主体。在典当行里面收款利息比其他的民间借贷公司吸储的利息都要低，放贷的成本都要高，但是还是有很多人愿意把钱放给典当行放款，就是因为觉得典当有抵质押物，相对安全。“典当”行业比较特殊，是由商务部监管的，也需要监管部门审批拿到经营许可。对于典当行而言，放弃从业资格的损失较大，因此更会让一般人产生老板不会“拿钱跑路”的安全感。这就是为什么典当行最终成为当前线下民间借贷最大的一个主体的原因。

保理是供应链金融的一种。在大型的生产、销售行业里面，因为涉及供应商之间的资金往来，正常来讲应该钱货两讫，但对于一些大的平台、销售商、渠道商来讲，因为他有话语权，所以可以向他的供应商索要账期。比如像国美、苏宁，他们都会向他们的供应商索要账期。因此使供应商有比较大的压力，一方面需要资金来生产产品，而另一方面产品生产出来供货后收不回资金，这个时候就出现了供应链金融。供应商为了能够缓解账期给他们带来的流动性压力，就会拿这些应收账款去做应收账款的管理、应收账款的催收和应收账款的融资等。这就是供应链金融和他涉及的各种票据业务，这就是保理（国际统一司法协会《国际保理公约》）。

值得一提的是，2016年2月14日，中国人民银行等八部委发布了《关于金融支持工业稳增长调结构增效益的若干意见》，专门对如何发展供应链金融的重要部分——应收账款融资做出表述，针对特别是像商业银行这样金融主体的供给侧改革指出了路径，创新供应链金融服务是路径之一。

金融其实是教材定义看起来很枯燥，但是掰开揉碎了分析特别有意思的一门学科。尤其是站在全局性的高度，并理解了业务的本质，就会发现其实并不难理解。对这些基础知识感兴趣的，可以在知投网线上视频课程或知投学院线下课程中去学习。

立体金融之二：资本市场的灵与肉

好了，到这里，货币市场我们就聊完了，那么资本市场又是怎么回事呢？在本书的观点中，资本市场的特点是高风险、高收益，是对资源、资金、资产进行融通的市场。

资本市场是一个跟实体经济联系最为密切的市场，相比于货币市场也可以理解为“间接融资市场”“债权融资市场”，资本市场又被称为“直接融资市场”“股权融资市场”。当一个企业以上市或收购并购、资本运作为必经目标时，就开始跟资本市场发生联系。当然，像老干妈这种彻底排斥融资、上市、并购，只接受过仅仅一次银行贷款的企业，确实是和资本市场绝缘的。

> 我们先来看看传统的资本市场定义：资本市场又称长期金融市场，是指期限在一年以上的有价证券为交易工具进行长期资金交易的市场。狭义的资本市场专指发行和流通股票、债券、基金等有价证券的市场。资本市场分为一级市场和二级市场，一级市场是证券的发行与承销市场，二级市场是证券交易市场。⊖

资本市场是一个跟实体经济发生联系的市场，当一个企业想要上市的时候，就开始跟资本市场发生联系了。最初的表现形式是种子投资，然后是天使投资、VC 投资（风险投资）、PE 投资、上市（IPO、借壳、买壳）以及市值管理（增发、配股）。

在国外，一级市场股权投资统称为 PE，即广义私募股权投

⊖ 李健．金融学 [M]. 北京：高等教育出版社，2014 年．

资（private equity investment），即指投资于非上市公司的权益性投资。但是在中国，PE 特指 Pre-IPO（上市前的投资），即狭义私募股权投资。

在资本市场，企业在不同的发展阶段都有可能和融资这件事发生链接，而需要的资金随着企业从诞生、成长再到成熟都会呈现出完全不同的特点。创业期的企业需要的是启动性资金，成长期的企业需要规模复制及更新迭代产品的资金，成熟期的企业需要的是上市前融资或并购资金；即使是已经上市的企业仍可能根据需要进行各种形式的再融资。

当企业的创始人从一个想法或者一个课题中要孕育出一个商业模式并成立一家企业时，也就是在创业企业最开始的时候需要的是种子投资，这也是企业资本运作周期中最早的投资形态。国外还有一种流行的说法叫作种子前投资（pre-seed），其实大同小异，只是将投资的标准进一步降低，金额进一步减少，或者说对种子投资的要求提高了。这个时候也是企业的探索期，是否能够形成有效的商业模式，还需要很多尝试与验证，当然也面对着多种可能的结果与探索的方向。因此对于这样没有既往历史，未来发展也没有太多可参考依据的企业，唯一可以判别的因素就是创始团队（基本上等同于创始人本身），常说的投资就是投人也是基于这个原因。

种子投资之后是天使投资，一般投资金额在 50 万～ 500

万元人民币之间。企业发展到这个阶段，通常情况下已经有了可应用的产品，并得到了一定的用户验证，只是有可能还未走到市场端或者只有小范围的市场反馈。这个阶段个人投资者占一定比例，也就是所谓的“天使投资人”，同样也有一些钟情于早期项目的投资机构。在国外，通常天使投资人都具有深厚的行业经验与社会阅历，年龄偏高；而在国内，天使投资人数量少，专业化程度不高。当然，天使投资吸引很多人目光的关键点是较高的回报率，尽管成功退出比例较低，但投入也较少，并在未来可能获得丰厚的回报。例如在 2004 年，著名天使投资人彼得·蒂尔（Peter Thiel）投资了 FaceBook，当时投了 50 万美元，最终获得 2 万倍的收益。而到了 2011 年，俄罗斯的 DST 基金也同样投了 FaceBook，只有 2 倍的回报。

VC 投资（风险投资）是针对成长期企业的投资，这个时候企业已经找到了自己的发展方向，并可以规划出一条可被证明商业可行性的路径。VC 投资以专业机构为主，此时需要的资金量在 500 万～ 5000 万元人民币之间。这个时候企业必须要在有效市场上去规模复制天使阶段的成功经验，并规划出明晰的财务发展路径。在这个阶段的普遍认知是战略型投资要比财务型投资重要，战略型投资可以给企业带来所需要的资源，对企业的未来发展给予充分的支撑，能抬升企业竞争力并促进企业加速发展。同时，专业投资机构的进入可以使企业的股权结构及财务管理更加规范，解决企业在早期阶段的某些股权结构设计上或者财务状况上的弊端，可以使企业在资本成长道路上顺利前进。

PE 投资（私募股权投资）是针对企业的下一个发展阶段，也就是成熟期企业的投资。企业已经占领了相当份额的有效市场，市场地位处于稳定或上升期，经营状况良好并有持续的现金流，当然也就有了更多可被投资的依据。企业在这个阶段可以分为两种类型，一类准备在国内或者国外上市，一类准备被上市企业并购或产业整合并购。此时投资的风险较之前面三个阶段（种子投资、天使投资、VC 投资）要低，回报率也进一步降低，但投资退出的路径及时间可控性很高，并可以通过股权回购、业绩对赌等条款进行锁定，因此成功率大为上升。投资金额通常在亿级以上，很多大型项目需要的资金体量庞大，需要动用的金融资源较多，PE 投资追求的是大资金量的快进快出。

成熟期企业上市通常有三种方式。

IPO：首次公开发行股票并上市业务即 IPO（Initial Public Offerings）业务，是指按照《公司法》及（公司法）实施以前的相关法规（如《股份有限公司规范意见》）设立的股份有限公司（包括发起设立和募集设立的股份有限公司），依据《公司法》《证券法》和相关法律法规规定的条件和程序，首次向我国境内或境外投资者公开发行股票，并在证券交易所上市交易的行为《首次公开发行股票并上市管理办法》证监会令第 32 号，2006 年。

借壳上市：所谓“壳”公司，即经营状况及资产质量极差的上市公司。通常情况下，此类上市公司面临“保壳”的重大问题，在很短的时间内会面临退市的困境。此时作为具有连续盈利能力优质资产的非上市公司与“壳”公司通过一系列的资本运作，将优质资产置入“壳”公司，并取得上市公司的控制权，从而达到不通过 IPO 而“上市”的目标。

买壳上市：非上市公司作为收购方通过二级市场购买上市公司股票，收购达到一定比例后获得上市公司的控股权。然后对上市公司的管理团队、资产、人员、债务等进行重组，在上市公司内注入自己的优质资产与业务，从而实现自身资产与业务的间接上市。

市值管理（market value management）是上市公司基于公司市值信号，综合运用多种科学、合规的价值经营方式和手段，以达到公司价值创造最大化、价值实现最优化的一种战略管理行为（2007 年 5 月 26 日第一届中国上市公司市值管理高峰论坛）。其中价值创造是市值管理的基础，价值经营是市值管理的关键，价值实现是市值管理的目的。增发和配股是市值管理常见的两种方式。

上市公司股票增发，英文为SPO（secondary public offering），即发行新股，也称增加发行。增加发行又分为两种：公开增发和非公开增发。上市公司向不特定对象公开募集股份即为公开增发；而非公开增发为定向增发，是指上市公司采用非公开方式，向特定对象发行股票的行为。非公开发行股票的特定对象应当符合股东大会决议规定的条件，其发行对象不超过10名。

上市公司配股是指根据公司发展的需要，依据有关规定和相应程序，旨在向原股东进一步发行新股、筹集资金的行为。

按照惯例，公司配股时新股的认购权按照原有股权比例在原股东之间分配（《上市公司证券发行管理办法》证监会令第 30 号，2006 年 5 月 6 日）。

资本市场还有二级市场又称证券交易市场，这个市场大家都比较熟悉了，我们通称的“股市”就是在这个市场。一个公司上市需要在资本市场的一级市场中经历诞生、成长、成熟的过程，直到上市才走到了资本市场的二级市场，上市的那一瞬间就开始产生了交易。二级市场除了大家熟知的股票交易市场，还有债券、期货、期权、大宗商品、黄金、贵金属、原油、外汇等交易市场。

资本市场的二级市场不是我们本书的重点，因此就不在这里一一赘述了，相信大家或多或少在日常生活中都接触过资本市场的二级市场，有人曾经在这里欢呼雀跃，当然更多的人提到它是感到心累“肉疼”。

有一块非常容易混乱，很多人都分不清的知识点，我们在这里给大家梳理一下。我们常常看到公募基金、私募基金、阳光私募基金、私募股权投资基金还有证券投资基金这五种名词，它们的区别和关系是什么呢？

公募基金　简单点说就是只能投资于资本市场的二级市场，起投额度较低。这也是我们通常听到父母那一辈人提到的，以

及我们拿零花钱开个账户买一买的基金。

私募基金 分为阳光私募基金、私募股权投资基金。阳光私募基金是借助信托公司发行的投资于股票市场的基金，阳光私募基金的起投门槛就比较高了，最少100万元人民币起。私募股权投资基金是本书主要提到的股权投资基金，也是只能投资于资本市场一级市场的基金。

证券投资基金 是指能投资于二级市场的公募基金和阳光私募基金的统称。

我们为什么把“金融全局观“放在本书的中间部分，而不是放在一开始呢?

这是因为升维理解一个事物，一层层递进是最好的方式，当你能达到一个更高维度的时候，回过头来去审视低维，会更加一目了然。

不同的金融市场类型的组合，形成了立体金融。在建立了金融全局观念后，再举下面的两个例子大家就更容易理解了。

投贷联动：货币与资本的物理融合

刚才我们讲第二维的时候已经说了，资本市场的一级市场欣欣向荣、捷报频传、越来越强劲。这几年年增长率为95%，基本每年翻一番，大有接力中国金融下半场的趋势。这样金融里的其他市场自然就会把目光放到快速发展的地方，比如货币市场就是如此。从2016年开始，货币市场与资本市场正在发生悄然的变化，货币市场开始看向资本市场寻找突破点和创新点——投贷联动因此被提上了日程。

2016年4月20日，银监会、科技部、人民银行联合印发了《关于支持银行业金融机构加大创新力度开展科创企业投贷联动试点的指导意见》(以下简称《指导意见》)，明确提出“加强多方协作，优化政策环境，整合各方资源，实现市场主导和政府支持相统一，股权投资和银行信贷相结合，引导银行业金融机构有序开展投贷联动试点工作，取得经验后稳步推广”，并公布了第一批试点名单。

首批5个自主创新示范地区和10家银行入围投贷联动试点，5个地区分别为：北京中关村国家自主创新示范区、武汉东湖国家自主创新示范区、上海张江国家自主创新示范区、天津滨海国家自主创新示范区、西安国家自主创新示范区；10家落地的试点银行具体为：国家开发银行、中国银行、恒丰银行、北京银行、天津银行、上海银行、汉口银行、西安银行、上海华瑞银行、浦发硅谷银行。

根据《指导意见》，以上机构中，国家开发银行、中国银行、恒丰银行等全国性银行可根据其分支机构设立情况在上述5个国家自主创新示范区开展试点；浦发硅谷银行可在现有机构和业务范围内开展试点；北京银行、天津银行、上海银行、汉口银行、西安银行、上海华瑞银行可在设有机构的国家自主创新示范区开展试点。

所谓“投贷联动”，是指银行采用成立类似风险投资公司或基金的方式，对创新企业给予资金支持，并建立在严格的风险隔离基础上，以实现银行业的资本性资金早期介入。与此同时，还通过信贷投放等方式给企业提供另一种资金支持。

为开展投贷联动，试点银行业金融机构可以设立投资功能子公司，试点机构在境内已设立具有投资功能子公司的，由其子公司开展股权投资进行投贷联动。试点机构未设立具有投资功能子公司的，经申请和依法批准后，允许设立具有投资功能的子公司。试点银行也可以设立科技金融专营机构，专司与科创企业股权投资相结合的信贷投放，也可以新设或改造部分分（支）行，作为从事科创企业金融服务的专业或特色分（支）行，开展科创企业信贷及相关金融服务。

以下为 2016 年试点银行的具体举措（见图 3-2）：

上述事件，都指向一个共同的结论：银行业开始从纯间接投资形态向直接投资形态发生转变。以北京为例，截至 2016 年年底，北京市银监局表示投贷联动规模已达 40.06 亿元，其中，内部投贷联动贷款7.71亿元，同比增长63.42%，投资0.37亿元；外部投贷联动贷款31.98亿元，同比增长近20倍。投贷对象集中于集成电路、高端装备制造、新能源，以及新材料等高精尖行业。

时间	银行	举措
11月下旬	国家开发银行	与中关村重点科创企业签订“投资+贷款”合同
12月16日	中国银行	与北京、天津、上海、湖北、陕西5个国家自主创新示范园区管委会签署投贷联动业务战略合作协议
12月	上海华瑞银行	上报设立投资子公司申请
12月初	浦发银行上海分行	落地科技金融贷联动业务
12月28日	浙商银行上海分行	与浙银协同资本管理有限公司、上海张江科技创业投资有限公司、上海浦东新区张江小额贷款股份有限公司正式联合签署战略合作协议，支持上海科创企业

图3-2　2016年投资联动试点银行具体举措

当然投贷联动想要在变革的弯道中实现超车，还需要很长的路要走。浦发硅谷银行行长蒋德（Dave Jones）在接受媒体采访时曾经表示投贷联动模式尚处于初级发展阶段，即使在美国，也只有少数银行在从事相关业务。

美国硅谷银行开展投贷联动业务就形成了较为成熟的业务模式。其具体做法是：硅谷银行金融集团旗下的子公司硅谷银行和硅谷资本分别负责发放贷款和股权投资，通过一系列金融服务与风险投资机构、使被投资企业紧密联系在一起，有效地降低了信贷风险，并获得股权投资回报。硅谷银行可以依据企业的知识产权提供贷款，然后既可以通过硅谷资本直接投资，也可以由硅谷银行金融集团持有被贷企业的认股期权，也就是到了企业上市或者被并购的时候才行使认股权来获得股权增值带来的收益，冲抵信贷风险损失。硅谷银行也可以和其他风险投资机构合作，来间接投资科技类初创企业。

2017 年 6 月 28 日，北京“中关村投贷联动共同体”成立，未来 3 年内计划培育 3000 余家中关村科技创新创业企业。中关村投贷联动共同体由北京银行牵头成立，包含四类机构：一是银行业金融服务机构，二是北京市重点产业领域的领军企业，三是以创新创业企业为投资标的的知名投资机构，四是服务创新创业企业的各类平台、协会、组织等。其中，金融服务机构、投资机构将发挥资金融通作用，共同实践股债结合、投贷联动的创新业务模式；领军企业将发挥产业引领作用，推进重点产业的创新驱动发展；各类孵化器、行业协会将发挥专业服务作用，孵化和培育优质项目。

投贷联动是货币市场与资本市场在物理意义上的融合和创新。投贷联动的实践过程中，一是风险控制，二是监管层对考核机制的更新，都是投贷联动在国内发展过程中需要重视的问题。

但是金融业要寻找出路，不能只满足于停留在三维这个层面，还得继续升维，否则就会像姚老板一样收了东隅很快却又失了桑榆。

姚老板的维度感

“宝能万科之战”是近两年金融圈不能不提的话题，金融圈甚至传媒圈都为这出现实中的连续剧而疯狂，仿佛这出戏已经不再是“别人口中的豪门”，国人对此的关注度呈现群体化的趋势。有多少国企的领导者们为王石的遭遇感同身受，就有多少潮汕的民营企业家们做梦都在替姚老板加油呐喊。

我们来稍微整合一下看看姚老板都做了什么事。从 2015 年 7 月到 2016 年 7 月这一年之间，宝能系通过连续大规模举牌 5 次，持有了万科 25% 的股权。据新华社报道，举牌动用资金累计 440 亿元人民币左右，这些资金除了来自于自有平台的 62 亿元人民币，还调用了 21 家金融机构的资金约 262 亿元人民币，杠杆倍数达到 4.19 倍。而同时，宝能系的钜盛华利润总额却从 2013 年的 2.7 亿元人民币猛增到 2015 年的 261 亿元人民币，其中持有万科股权的账面浮盈达到 230 亿元人民币之高，使得二级市场上买了这只股票的朋友们欢欣鼓舞。

我们再来看看这 21 家金融机构，结合之前讲的金融全局观里的分类，姚老板几乎使用了民营企业可以使用的所有金融工具，包括万能险、股票质押、基金、银行融资、公私募债、资管计划、收益互换、融资融券，等等，也难怪姚老板被称为资本运作的高手，大家肯定已经看出来了，姚老板显然是个特别有维度感的人，运筹帷幄（见图 3-3）。

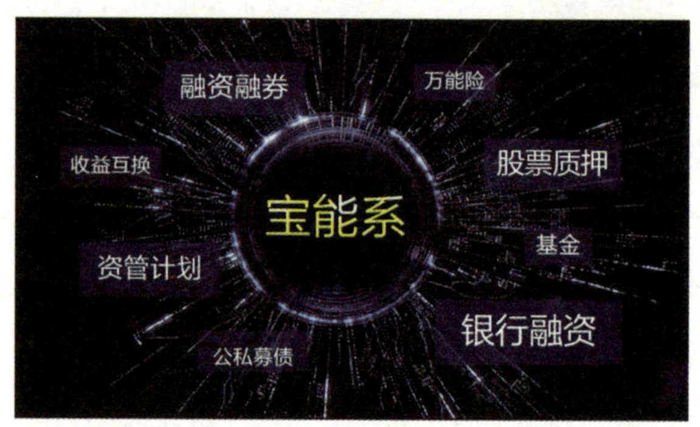

图 3-3 “宝能系”调用资金金融工具

但最终结果我们都知道了，王石笑到了最后。监管层出手，不仅终结了姚老板再一次的破门而入，连险资都差点在二级市场集体挂掉。万科工会起诉宝能，深圳市中院裁定，宝能系增持行为无效。保监会对宝能系的前海人寿罚款总计 80 万元，看起来不多，但同时撤掉了姚老板的任职资格，且 10 年禁入保险市场。

这里我们补充一个金融全局观的知识点，在西方国家，保险看起来既不属于货币市场也不属于资本市场，但其实保险既属于货币市场又属于资本市场。因为保险的基础是在货币市场，即吸储付息，同时险资是可以入市的，即进入资本市场参与风险投资。

而在中国，曾经险资入市非常困难，即便是在货币市场，也只能选择货币基金或者是非常稳健的一些投资工具，2014年后险资入市加速。保险业监管机构保监会，陆续发布《关于加强和改进保险资金运用比例监管的通知》《保险资金运用管理暂行办法》等，就保险公司投资范围、权益类资产的账面余额比例等进行规定。2015年7月，保监会在救市背景下发布《关于提高保险资金投资蓝筹股票监管比例有关事项的通知》。自2015年下半年起，险资举牌在资本市场上波澜壮阔地大举进军。

姚老板的万能险就是在保障基础上，加上了投资功能。发行高收益万能险产品，往往面临更高的负债成本，为了覆盖这些高成本，大量万能险企业寻找投资收益较高、投资合理的资产，在资产荒的背景下，股市是一个好的资产池。附加上投资收益后，投资收益率又特别高，资金规模自然“嗖”一下就涨上去了，也就给姚老板大举进攻撑了腰。姚老板的“万能险”正是走了这样一条路，而其“险”也可见一斑。

根据相关公开数据统计，2016～2017年年初，资本市场的二级市场上险资共举牌18次，涉及4家A股上市公司。其中，7大保险系举牌最为活跃，分别为恒大系、宝能系、安邦系、生命系、阳光保险系、国华人寿系和华夏人寿系，而宝能、安邦、恒大举牌万科，阳光保险增持伊利，其中安邦增持中国建筑等案例最为突出，证监会主席刘士余痛批“野蛮收购”，保监会叫停多家公司万能险的创新业务，姚老板的 10 年“禁令”直接给了险资当头棒喝。

姚老板终究没能决胜千里，阅读本书的朋友在下面第四个维度中，会知道在三维之上还有其他维度，也就会知道姚老板输在哪里。他虽然在投资的一维、二维、三维中已经玩得得心应手，可以说他的“手法”已经决胜大多数的金融人士，但他却没能理解到四维、五维甚至六维，所以一旦加入了四维的时势政经，他就分分钟挂掉了。

因此，投资决胜的关键是不断升维，只有不断升维，才能在众多竞争者中胜出，也才能防止遭受到降维打击。

第四维

时势政经

我们在三维的基础上如何还能再升一维看世界，在立体的基础上怎么升维？答案是加入时间或另一个空间维度，变成“投资的时空”。

感受一下投资的时空，你所处的这个时间的金融全局观和下个时间的金融全局观会完全不一样，在美国的金融全局观和在中国的金融全局观又是完全不一样，在以色列、在欧洲更是不一样。

投资的“时间”就是历史和时势，投资的“空间”就是地缘和政治经济。美国是全球第一大股权投资市场，而中国已经是全球第二大股权投资市场了。之前在第二维我们已经回顾了中国股权投资的发展，那么我们来比较一下当纳入四维的概念时，美国和中国在投资领域的不同表现。

无法穿越的投资时空：建立在股权投资上的美国

美国的经济基础和上层建筑就是建立在世界货币基础上的，华尔街是权力的中心。美国就好比是一个巨大的“股份公司”，任何国家性的选择，无论是制定具体政策措施还是全民大选，都是在华尔街“董事会”默许的基础上决定的。

如果说华尔街是董事会，那么美国中下层人民就是散户。但是散户却总是有一种幻想，他们幻想着自己有一天也可以成为美国这个巨大的股份公司中董事会的一员。那么到底如何实现呢？通过公平竞争，通过“美国梦”。

散户不满足于散户的现状，但又不愿意承认进入董事会实际只是南柯一梦。美国民众是矛盾的，他们一方面高喊着“美国梦”，心存进入董事会的幻想；一方面又反对华尔街贵族们的统治，高喊着“反对华尔街”，将示威游行当成家常便饭。

所以看上去代表散户利益的特朗普打败了代表精英利益的希拉里，这是因为大多数中下层美国人心中的“美国梦”。然而，这一次真的是散户打败了庄家吗？要彻底解放散户，只能铲平董事会。但是如果董事会不存在了，“美国梦”的意义又将何在呢？特朗普的胜利上台，恰恰是利用了民众的这一矛盾心理。

特朗普拥有地产大亨、亿万富豪、演艺界名人的多重身份，是毫无疑问的商业明星。“商人”是特朗普根深蒂固的基因，怎么能赚到钱、怎么能赚到更多的钱是他的目标，赌性和胆量在他的投资和交易中为人们所熟知。同时他也是一个完全没担任过任何公共职务，从商界直接进军政界，并问鼎“总统”高位的“奇葩”。确切地讲，特朗普是个生意人而不是一个政客，有利所图是他做事的根本，当然，这就决定了他也只能在他所在的阶层中部署利益链条。

你看他上台后的一个个举措是多么的巧妙，看上去是为了民众实质上却是为了精英。

特朗普上台后废除了《多德－弗兰克法案》。这个法案的核心包括：加大监管部门的权力，严格约束金融机构；保护消费者，从“买者自负”到“卖者有责”；限制金融机构的自营交易业务；对衍生品市场的监管，比如 CDS ；将对冲基金等机构纳入监管；加强对银行的监管。2010 年开始施行的《多德－弗兰克法案》一向被认为是继美国“大萧条”时期以来最全面、最严厉的金融改革方案，可以说是金融监管的基石，在金融系统中保护消费者是法案的重心。

说白了，这是一个对民众更有利的法案，但废除了此法案，却会对大型金融机构有重大利好，这意味着银行不仅可以恢复自营交易，还可以直接投资对冲基金。散户利益在金融机构的大举进场下，荡然无存。

说特朗普不是华尔街的盟友，还会有人信吗？在美国的体制下，不是华尔街的盟友还可能当上总统吗？普通的美国人就不要自欺欺人啦，自以为选上去一位不在乎钱的总统，而实际上呢，都是大机构、大财团的代言人而已，只不过是从给这波大财团代言变成了给另外一波大财团代言而已。

2017 年春节期间笔者曾经与一位在美定居了十几年的华裔朋友彻夜长谈。作为同龄人，她对现在的中国年轻人这种奋斗的状况表示震惊和敬佩。在她看来，美国的中产阶级是喜欢待在自己的安全圈子的，而且这个圈子极其小。大多数的美国年轻人，现在过的是一种类似于几十年前中国国企普通职工的生活，简单而安逸。所以实际上任凭国际社会对特朗普上台的关注和评论很多，但美国人自己却懒于思考特朗普上台后的生活变化，因为那些变化都离他们自己的安全圈子太远了。

而中国人有较强的危机意识，天道酬勤是公认的价值观。无论是在国内、还是移居海外，华人都是最努力奋斗的一个群体。我们认识的所有中国同龄人，哪怕是在相对稳定的岗位上，都在全年无休地工作，也都在尽力照顾着家里的 4 个老人和孩子。因为中国人相信，只要付出努力就必有回报，并能通过努力改变现状，获得更多的财富，过得更加幸福美好。

从这个意义上说，中国的这一代年轻人，是现在全世界最勤奋、最有追求，也是最关心政治经济、最爱国的，所以，也是最有希望的。作为同龄人，我们值得为自己鼓掌。

这就是当下美国政治经济的特点，而为什么会这样，我们就得以史为鉴，来回顾一下长达 120 年的美国资本市场的发展之路了。

研究一下历史，我们不难发现源头。

15 世纪末，也就是大航海时代，作为人类文明进展过程中最重要的一段时期，欧洲人开辟了横渡大西洋到达美洲、绕道非洲南端到达印度的新航线。当时英国、葡萄牙与西班牙等国为了建立远洋贸易企业从而开展了最早期的“投资活动”。在当时的历史条件下，仅靠个人的自有资金是无法满足创建远洋贸易企业需要的。因此航海家们对外源资本产生了强烈的需求，他们向富有家族宣传“投资理念”，你们可以不必去直接经营远洋贸易企业，只需要通过向远洋贸易企业投资就可以了，同时还能获得高额收益。而这种外源资本就是最早形态的私募股权投资。

而美国，却晚了 4 个世纪才出现私募股权投资，当然，也可以说是人家建国晚。

美国最早的一次私募股权投资，是在 19 世纪末 20 世纪初。第一个有案可查的私人股权投资交易是在 1901 年，摩根花了 4800 万美元从安德鲁・卡内基和亨利・菲普斯手里买下卡内基钢铁公司。

当时美国正在如火如荼地进行西部大开发，这期间要建立石油开发企业和铁路企业，以及与西部大开发相关的钢铁企业和银行业也一起涌现，并蔚然成风。这么多企业的建立显然对资本的需求远远超过了个人或家庭的资金实力，这也促进了美国私募股权投资的发展。

分别投资于铁路、钢铁、石油和银行等行业的富有家族也投资了一些当时的高科技中小企业。例如，1896 年创立于华盛顿的列表机公司、1901 年创建于俄亥俄州的计算表公司和 1900 年创办于纽约州的国际时代唱片公司，这看上去属于不同领域的三个公司后来合并为一个制造办公用品的公司，而这家公司就是 IBM 的前身。有意思的是，高科技公司作为被美国股权投资推起的另一极经济势力，近期正在硅谷对美国“董事会”主席特朗普表达抗议与愤怒，这点我们之后还会提到。

1919 年，皮埃尔·杜邦对通用汽车公司进行投资。1939 年，劳伦斯·洛克菲勒对麦道飞机公司进行投资。20 世纪 20 ～ 30 年代，富有家庭和个人投资者开始为企业提供创业资金，促进了一大批企业的发展。20 世纪 30 ～ 40 年代，这些富有家族开始聘请一些职业经理人去帮他们寻找有潜力的中小企业进行投资。但这个时期的投资活动是由投资主体分散进行的，只能称为非组织化的私募股权投资，这个时候的美国股权投资之势还尚未形成。现代意义上的私募股权投资算是在第二次世界大战后，也就是 20 世纪 40 年代正式起源，这个时间段美国出现了大量的中小企业，而这些中小企业很难获得传统金融机构的资金支持，富有家族是它们的主要投资者。

1946 年，波士顿联邦储备银行行长拉尔夫·弗兰德斯和被称为“创业投资基金之父”的美国哈佛大学教授乔治·多里特在波士顿发起成立美国研究与发展公司（American Research and Development Corporation，ARD）。通常意义上，这一事件被看作是现代风险投资业诞生的标志。私募股权投资正式进入到机构化运营阶段，我们现在称为“风险投资基金”的形态开始萌芽。同时 ARD 的创立者们不只希望给中小企业提供私募融资，同时也致力于提高他们的管理水平。从某种意义上看，这也是最早的投资管理。

这家伟大的投资公司在之后的12年中一直是孤独的“跑者”，直到1958年，美国国会制定了《中小企业投资法案》（Small Business Investment Act），这也标志着美国政府对私募股权投资的支持，同时法案还规定合格的投资公司可以以低于市场水平的利率向政府贷款并用于投资创业企业。这一法案的出台催生了大批私募股权投资机构的出现并进入市场，美国私募股权投资也得以蓬勃发展。

接近20世纪70年代，获得投资并成功上市的企业已经有1000多家。美国私募股权投资的高速发展使得能够有效解决信息不对称和道德风险的有限合伙制度出现，并进一步推动市场发展。随着独立投资公司越来越多，市场也越来越火热，1976年美国华尔街投行贝尔斯登的3名投资银行家成立了一家投资机构KKR，专门从事企业间的并购业务，这是最早具有现代意义的私募股权基金。

1978年以后美国迎来了私募股权投资的快速增长期，养老基金可以投资私募股权基金，并成为市场的主体资本来源。这同时也引发了股权投资的新一轮浪潮，机构投资者开始大举进入市场。

20世纪80年代，硅谷的经济及科技地位急剧上升，微机产业及与之配套的软件行业高速增长，众所周知的英特尔、微软等高科技公司在风险投资的支持下迅速发展并逐渐成长为跨国企业。并购基金在这个时候也迎来了大繁荣，不只是得益于巨型企业的诞生，也是由于1987年的美国股灾促使风险投资机构放弃高风险的创业投资，从而转向更加稳健的并购基金和成长型基金，同时也吸引了银行、保险公司、养老基金，以及个人等众多参与者。1979年到1989年的10年间，交易金额超过2.5亿美元的收购超过2000起，杠杆收购成为获利最高的投资模式，KKR集团、贝恩资本、黑石集团、凯雷投资集团等表现出众，这些都是现在我们耳熟能详的金融巨头。《门口的野蛮人》[⊖]就是描述KKR蛇吞象的经典故事，所谓中国的“门口的野蛮人”姚老板的“手法”较之KKR还是相去甚远。值此经历了120年，美国股权投资开始迎来了真正的繁盛期。

20世纪80年代末，同时投资于并购资本和夹层资本的私募股权投资基金兴起，出版、电视电缆、广播和基础设施建设等多领域行业内的并购引发热潮。

尽管1997年的东南亚金融危机至千禧年美国互联网科技泡沫破裂的时间段内，美国私募股权投资基金陷入低迷，但在2001年以后再次加速，并逐渐走向成熟。20世纪90年代到21世纪初，纳斯达克以5048点登顶。美国股权投资经历了

⊖ 本书已由机械工业出版社出版。

百年发展，许多巨头企业，比如IBM、通用汽车、英特尔、微软、雅虎、谷歌、亚马逊等，正是因为受益于股权投资才有了过去30年的巅峰时代，科技巨头们推动美国及其他发达国家进入了以信息技术为代表的数字和网络时代，并发展成为了跨国公司。而时至今天，也并不是所有的巨星们都还在世界舞台上辉煌如往昔。

而在这个时间点上，中国的股权投资还正处在起步期，以跨出美国的美元基金来到中国为标志，中美动能开始产生交织。这时，我们再来回想下第二维中所提到的中国股权投资，包括当今中国科技巨头的纷纷“出海”，股权投资作为动力之源的作用愈加鲜明。

所以股权投资的发展极大助力了美国金融市场的繁荣，也使得美国成为一个完全成熟并以金融为中心的国家，同时也依靠金融来称霸全世界，这时候美国的政治经济现状就变得更容易理解了。[㊀][㊁]

美国董事会主席特朗普

那么我们再来看看当下，特朗普在美国实施的经济举措是什么？没错，那就是“制造业回归”！

特朗普能够顺利上台，让民众“用脚投票”的关键，就是他关于“把工作带回美国”的承诺。早在美国总统大选之前，标榜蓝领权益保障者的特朗普就曾多次公开发言说想要把制造业拉回美国本土，增加美国人民的就业机会。他咄咄逼人地发挥着他的公众优势，把包括福特、通用汽车、丰田、波音、洛克希德马丁、联合技术、开利等美国最强大的企业挨个批判数落了一遍，其中最著名的就是他提出将迫使苹果公司把产品生产线从国外转移回美国。

事实上把制造业迁回美国是比较困难的，最主要的问题之一就是不符合成本最优化的基本规律。

㊀ 李靖．全球私募股权投资发展的历程、趋势与启示 [J]. 海南金融，2012 年 05 期．

㊁ 李东军．看海外产业投资基金如何发展 [J]. 新财经，2009 年第 11 期．

以一台 iPhone 为例，当前 90% 的零部件都在其他国家制造，即使苹果公司选择在美国组装 iPhone，仍然需要从国外运回所有的零部件，而这些零部件的原产地大部分在亚洲，比如屏幕、芯片、镜头，等等，这其中又要增加物流成本。

而且 iPhone 手机的原材料也不是全部产自美国，比如铝合金手机壳就很难在美国生产，因为美国铝矿石储量非常低，需要从几内亚和澳大利亚大量进口才行。还有稀土元素，而这是中国的强项，中国稀土产量占了全世界的 85%，量大质优还便宜。进口完矿石，还要有对应的冶炼厂，建厂又是一大笔钱，进一步提高了 iPhone 的生产成本。

换句话说，美国不具备手机生产的上游产业链。另外，美国的人力成本也比中国要高很多。

美国《纽约时报》中文版 2017 年 6 月 12 日发表题为《中

国工厂领略了美国工会的厉害》的报道中提到，中国福耀集团2014年在美国俄亥俄州的洛雷恩市，先后投资5亿美元开设了一家大型玻璃制造厂“福耀美国”，该厂迄今共创造了1500个就业岗位。但玻璃厂方因为不严格按照美国劳工法运营，使工人在不安全的环境下操作，导致工厂被罚款。工会指控福耀存在“解雇提出问题的美国员工，以及解雇美国管理人增加中国管理人”等问题。很显然，这是个典型案例，固然福耀的中国式运营及管理方法有其没有“因地制宜”的问题，但如果在美国建厂都要达到现在美国蓝领的用工水准，人力成本较之现在必然会大幅度增加。

同时由于长时间没有相关的生产制造岗位，美国有较大的用工缺口，也就是说就算开出美国工人能够认可的相应工作条件，也很难找到拥有适当技能的人才，重新开始培训又是一大笔支出。

所以如果要把整个产业链都迁到美国去，每部iPhone成本合计将增加26%～35%，售价也会因而大幅上升，更别提新建工厂、搬迁机器所需要的附加成本了。到时候，“Made in US”版iPhone即使生产出来，估计连美国人民自己都用不起。

这也就意味着，如果要在美国制造iPhone，重塑产业链的过程是会让“华尔街董事会主席”特朗普最头疼的问题，千金散尽可能也未必能达到像在美国之外生产的效果。同时在美国跨国企业看来，这种“成本增加利润下降”的经济举措完全不合理，与其被逼着重塑“夕阳产业”，不如想办法利用新兴技术提高产能，攒下利润，对产品研发和创新发展进行再次投资。

也许美国人民用不用得起 iPhone 这个问题我们不关心，但是中国自己的核心产业我们肯定会关心。美国要让制造业回归，那它们就可能将以制造业作为自身的核心产业，而中国为了获得更多的竞争优势，发挥本国的资源禀赋，拥有自身的核心产业就显得尤为重要。

所以，2017 年 1 月 22 日成立的“国家队”重量级基金——互联网投资基金释放的信号是什么呢？那就是“互联网 +”将继续作为核心产业之一，促进中国的经济发展。

根据中国互联网络信息中心的数据，中国 2016 年的互联网化率为 53%，也就是说，每 100 个中国人中只有 53 个人左右上网，想象不到吧，大家是不是觉得身边的所有人都在上网？而根据“We Are Social”的报告，北美的互联网化率达到 88%，而欧洲国家的互联网化率平均在 70% 以上（见图 4-1）。

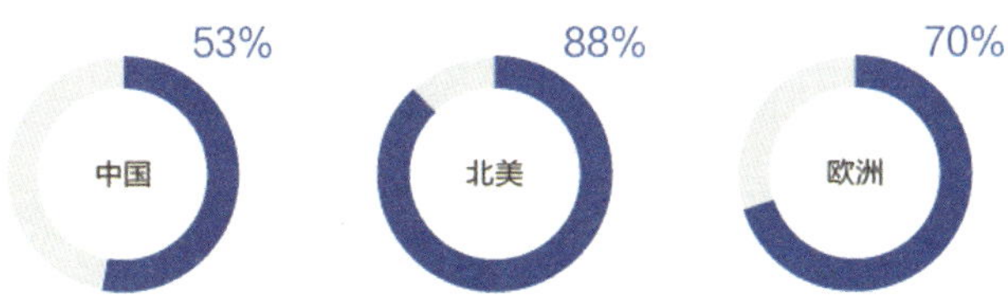

图 4-1　2016 年全球互联网化率

由此可见发达国家已经把互联网发挥到极致了，再往上突破已经很难，而在 GDP 的支出法核算中，销售是多么重要。中国只要在互联网化率上再提高 10 个百分点，就可以在互联网消费领域创造出巨大的奇迹。又因为互联网行业本身的可塑性可以和其他行业进行有效结合，形成“互联网 +”，从而使其他行业的销售效率提高，进而提高经济效益。

这时候我们再回头看看美国人民到底用不用得起 iPhone 这个问题。

特朗普要的是苹果产品既要美国产，而且美国人民一定也要用得起！为此，他多招并用、多管齐下、多措并施，一会禁穆令、一会退出 TPP（《跨太平洋伙伴关系协定》）、一会退出《巴黎协定》，“拉拢一批人、打压一批人”，可谓是一招接一招让人眼花缭乱。

而由于退出了以环保减排为目标的《巴黎协定》，特朗普被硅谷大佬们怼上了天，“你想通过采煤采气来制造就业机会，这完全是一种倒退，伤了我们科技新贵的心，更伤了我们发展绿能产业的利益”。

看看特朗普对《巴黎协定》的评价：2040 年，美国将损失超过 3 万亿美元的 GDP、650 万工作机会，以及 86% 的煤炭产量！每年还要向缔约国中的贫穷国家提供 10 亿美元，总计 30 亿美元的援助，这就是一种惩罚！《巴黎协定》就是个坑啊！

科技大佬怒不可遏，2016 年 12 月 15 日在纽约特朗普大厦举行的那场“圆桌会议”白开了啊，你特朗普曾经打算在职业培训、基础建设项目，以及海外资产回流上与我们站到一起，移民禁令已经打破承诺，让外籍员工丧失了安身立命的基础。现在还来，有完没完？特朗普在恶心了美国的跨国制造企业一把后，硅谷势力也感觉被这个商人耍了。

与此同时，和特朗普站在对立面的科技巨头们，在特朗普上台前几乎都是希拉里的拥趸，比如坐拥特斯拉、SpaceX 等高科技公司的埃隆·马斯克就曾直言不讳地表示：“我认为他（特朗普）可能不是担任总统的合适人选。”结果爱用 Twitter 倡导“美国优先”的特朗普上了台，横跨实业、制造业、虚拟经济的科技型企业成了特朗普“招安”的对象，微软、亚马逊、Alphabet、苹果、甲骨文、特斯拉、思科、IBM、英特尔、Palantir、Facebook 皆在此列。

特朗普在 2016 年 12 月初创立总统战略和政策论坛（President’s Strategic and Policy Forum），埃隆·马斯克和 Uber 首席执行官特拉维斯·卡兰尼克随后被任命为该论坛的成员。论坛由黑石集团首席执行官斯蒂夫·斯瓦茨曼领导，在接到总统召唤时，论坛的成员可能会与总统频繁会面，利用他们在专业领域的经验和知识帮助总统实施其计划，增加美国国内就业机会和重振美国经济，参与这个论坛也成了科技领袖们与特朗普展开合作的一次尝试。在这个时期，埃隆·马斯克是特朗普经济顾问委员会（Council of Economic Advisers，CEA）和制造业委员会（Manufacturing Council）的成员。

然而在特朗普宣布退出《巴黎协定》后，作为新能源价值代表者的埃隆·马斯克，毫不犹疑地从特朗普的美国顾问委员会愤然离职。

埃隆·马斯克在Twitter上写道："气候变化是真的，退出《巴黎协定》对美国不好，对世界也不好。"随后他还转发了《科学美国人》的一篇文章并称赞了中国的做法。"在《巴黎协定》下，中国承诺在2030年生产的清洁电力，等于美国现在生产的总电力。"

跨越时空维度的"神人"

埃隆·马斯克毫无疑问是当前全球最红的"科技巨星"。

还记得小罗伯特·唐尼在《复仇者联盟》中的台词吗？我是发明家、历险家、千万富翁、花花公子、钢铁侠。而埃隆·马斯克亲身证明了"Technology is the New Sexy"，他用投资人、企业家、科学家、亿万富翁、太空先驱者等身份使"这个星球不配我死"的豪言壮志熠熠生辉。

埃隆·马斯克的第一次成功是在千禧年美国互联网泡沫破灭之前。著名投资人彼得·戴维森（Peter Davison）靠eBay

收购 PayPal 获得了万倍投资回报，而 PayPal 的前身 X.com 正是埃隆·马斯克创立的，埃隆·马斯克也借此次机会套现成功晋升为亿万富豪，可以说他的成名正是来源于电子支付，也就是互联网金融领域。

当然，他更为人熟知还是要归功于特斯拉和 SpaceX。

特斯拉是毫无疑问的全球新能源汽车的市场普及者，同时奠定了无人驾驶领域的行业基础：电动系统比燃油系统离智能自动更近了一步，同时特斯拉的直接与用户连接的服务模式，也符合未来人机互联的发展趋势，跨出了传统汽车厂商只卖车不服务的窠臼。

SpaceX 更是民用航天业的先驱者，并预测会将继续创造人类太空史的数个第一，SpaceX 最重要的贡献是大幅降低了人类进入太空的成本，使“太空移民”这种电影脚本变身可行计划：是时候去火星了，人类！

2017 年 Neuralink 引爆了埃隆·马斯克带来的另一个热点，据媒体报道，Neuralink 将会追求马斯克自己所说的神经织网（neural lace）技术，说白了就是将微脑电极（tiny brain electrodes）植入人的大脑中，以便在将来可以实现在人脑中上传或下载思维。操纵人类的思维，这听起来就很“危险”但又非常刺激。

当然，严谨的学术界并不完全赞同，笔者在参加杜克大学著名的神经工程学专家、“脑机接口”理念真正落地的践行者米格尔·尼科莱利斯（Miguel Nicolelis）教授的讲座时，现场曾有人就 Neuralink 这一设想提问，尼科莱利斯教授的回答是请你去问马斯克先生。

埃隆·马斯克是缔造四个独角兽企业的超级创业家，他运用科技的力量创造了一个又一个的商业奇迹，不仅自身富可敌国，更加速了整个时代的进程，将人类对科技的“想象”向现实不断拉近。

埃隆·马斯克似乎正在逐渐超越时间与空间的边界。

第五维
科技力量

时间不能推倒重来，空间也不能随意重塑，但有一维是可以将时间迅速缩短和将空间轻易跨越的，这就是科技。作为已经看到了这一力量，并且将科技定义为囊中之物的一部分人来说，他们可能已经走向了“神人”的未来。

而什么是“神人”呢？到底该怎么定义他们呢？

科技又是如何成为更高一层的投资第五维呢？

从“人”到“神”的咫尺天涯

2014 年，以色列历史学家尤瓦尔·赫拉利写了一部叫作《人类简史》的书。

尤瓦尔·赫拉利 1976 年生人，牛津大学历史学博士毕业，现任耶路撒冷希伯来大学的历史系教授，青年才俊。他的卓越之处不只是在历史领域，他对人类学、哲学、社会学、生态学乃至对大数据、人工智能的理解，无不让人惊叹。

《人类简史》这部烧脑大作火到什么程度呢，根据媒体报道，它一经上市就登上了以色列畅销书排行榜的第一名，蝉联榜首 100 周，超过 30 个国家争相购买版权，并入选比尔·盖茨、扎克伯格等诸多科技大佬的年度书单。

2016 年赫拉利又出了一本《未来简史》，《罗辑思维》的罗振宇在他 2017 年的跨年演讲中隆重推荐了这本书，也曾一度刷爆朋友圈，受到了国人的热情关注。以至于到了 2017 年夏季，当笔者参加朋友的金融论坛，演讲嘉宾提到大家是否知道《未来简史》时，台下依然反响众多，并不断有人互相问询。

《人类简史》和《未来简史》就是如此火爆的两本书。

那么这两本书到底讲的是什么呢？ 我们帮朋友们来回顾一下。

简单点来说，《人类简史》介绍的是从“猿”到“人”的进化，而《未来简史》讲的是从“人”到“神”的发展。可以说《人类简史》是对历史的回顾，而《未来简史》是对将来的推导。

在《人类简史》中讲述了我们是谁、我们从哪里来，在书的最后一部分，介绍了我们正在向哪里去的 3 个方向：生物工程、仿生工程和无机生命。总结一下，生物工程是我们对生物的干预与改造、仿生工程是我们制造人类器官并延展（例如脑机互联）、无机生命是我们创造数字生命体，我们用以上 3 种方式，用智慧设计取代了自然选择。

如果说在《人类简史》中，赫拉利只是探讨了我们已经迈向未来的一小步，那么在《未来简史》中，赫拉利用火箭般的思维速度把我们推向了另一个时空。赫拉利提出人类的下一个阶段将会“长生不死”“幸福快乐”并且“化身为神”。这3个新议题并不是毫无根据的，这当然是得益于近年来科技所取得的突破性进展，尤其是在生物基因和人工智能技术领域获得的飞跃性成就。

第一，在赫拉利看来，“死亡”只不过是一个终将被人类所解决的技术性问题，是我们在科技探索长河中的一站，不久的将来必然会被人类所跨越，并实现“长生不死”。

第二，生物工程技术也可以让人类沉浸在永恒的幸福感中。

第三，我们只要对人类的基因组进行适当的改造，人类将可能取得神一般的创造力及毁灭力，这就是第二次“认知革命”。

如果说第一次“认知革命”，是因为人类的基因产生了一点点变化，从而我们虚构出了国家、企业、城市，当然还包括金融，同时也虚构出了“神”（宗教）。那么未来的基因改造，将会使人跃出“虚构力”本身，将从“智人”演化为“神人”。

按照赫拉利的观点，如果说生物基因技术的发展使我们实现了自我改造，那么随着人工智能的发展，我们将会变得慢慢放弃了决策权。听起来非常可怕，但赫拉利的逻辑是非常清晰的，就像把大象关进冰箱只需三步一样（见图5-1）。

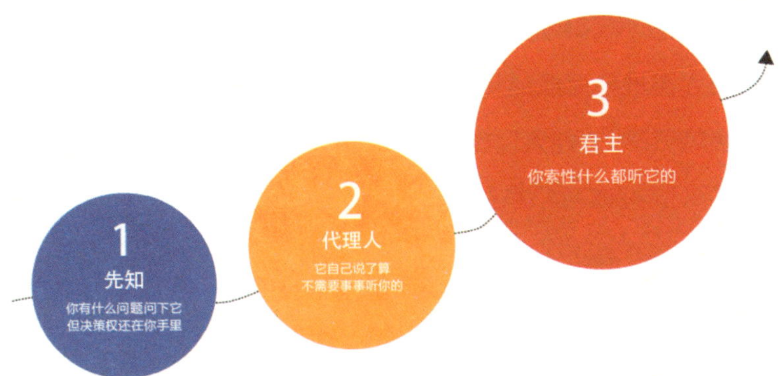

图 5-1 算法与人类的关系演化

第一步，算法接近于一个先知，你可以随意问它任何问题，它会告诉你答案，最终决策由你自己来决定；

第二步，算法不告诉你直接答案了，它只告诉你一个大的方向和原则，然后它去执行。执行中遇到的一些小的决策，它代理你决定，不用事事过问你；

第三步，算法将主宰你的所有决策，你就听从算法的控制。

当然，还有一种人是不受算法控制的，这种人被称为控制算法的“精英”。算法不理解精英的所想所做，算法也无法洞察精英的需求。精英站在算法系统背后，做最重要的决策人，是真正的“世界之王”。一般人听算法的，但算法听精英的。

这些精英，已经不再是普通的“智人”了，也就是已经超越了现如今的我们。精英是掌控了算法，并通过生物基因技术战胜了死亡、获得幸福快乐的——“神人”。是未来世界的主宰者，是人类进化而成的新物种。

换句话说，“神人”就是我们常说的“买到船票”的人，而这样的人会是谁呢？和赫拉利的“神人”理论相伴随的，还有两套更吓人的看法。

第一，关于新的反乌托邦主义。他指出了三大方向：①“智人”们将失去他们的经济和军事用途，经济系统将不再有价值；②对系统来说，“智人”整体具有价值，但个体“智人”没有价值；③系统将在“精英”，也就是在“神人”身上显现

价值。

第二，关于赫拉利定义的“系统”，指的是在新技术的破竹之势下，以当前极快速度发展下去所产生的新社会。过去，如《人类简史》中提到的，社会建立在宗教和科学之上。但是未来，人文主义将被“数据主义”所取代。宇宙就是由宏大的数据流组成的，对数据处理的贡献决定了实体或现象的价值。

赫拉利在《未来简史》里说的未来离我们还遥远吗？

我们来看看2017年投资圈的人都特别关心的一个事，AlphaGo已经被说得够多了，围棋界也已经很无语了，柯洁代表全人类流下了眼泪。而让人更沮丧的时刻接踵而至，人工智能已经围剿到德州扑克界了，这可是投资界人士赖以生存的社交绝技和装帅谈资，如果这个领域被攻陷了，那么可能最沮丧的还是投资人本身吧。

2017年1月31日，在匹兹堡的Rivers赌场，全球最牛的十大人工智能领军院校之一卡内基梅隆大学（CMU）的托马斯·桑德霍尔姆（Tuomas Sandholm）教授和诺姆·布朗（Noam Brown）一起开发的人工智能系统Libratus，与4位世界顶级的德州扑克选手对弈，并获得了压倒性的胜利。赛程为期20天，一共进行了12万手牌的比赛。在2015年，同样是来自于CMU的“Claudico”代表人工智能与4位人类高手对弈，但8万手牌过后并未获得胜利，甚至可以说是节节败退。

但两年后，这次 Libratus 在一对一的无限注德州扑克比赛中完胜。

据专业报道中的分析评论，由于德州扑克中的“底牌信息”是隐藏信息，因此对于人工智能来说，是处于一种“非完整信息博弈”的状态下。而相比之前 AlphaGo 的围棋人机大战，对弈双方的信息是完整、对称、没有隐藏的。可以说，德州扑克这种纸牌游戏是另一种对机器学习的巨大挑战。Libratus 此次战胜顶级的人类德州扑克选手，具有非常重要的意义。

举例说明，有时玩家采取“诈唬”(bluffing) 战术，这时玩家手里其实并没有强牌，但要虚张声势，做出全额下注、志在必得的行为，让对方感觉自己牌面很强，从而自动放弃。人工智能这时要根据人类玩家过去的博弈表现，来判断他是否真的有强牌，并计算出这个概率到底有多大，同时人工智能也会推断人类的底牌信息，所以这里就是一个“递归推理”(recursive reasoning) 的过程，从而最终实现的是找到不确定信息下风险与收益的“纳什均衡”(Nash equilibrium)。

这将意味着新场景的诞生：从金融交易到网络安全，乃至政治谈判，这个人工智能的未来体都可以做到。

不过开发者也承认，Libratus 距离玩一个完美的 GTO (game theory optimal，距离博弈理论中的最优化策略) 还有些距离，这是下一个 10 年或者更长时间要解决的问题。不过两年内，到 2020 年前，Libratus 就能在无限注德州扑克 6 人桌比赛里赢过人类。

在 2017 年年初的一对一无限注比赛后，与之对弈的其中一位德州扑克比赛选手吉米·舒（Jimmy Chou）告诉媒体："这太难了。它（Libratus）不仅不留空子给我钻，而且我真的觉得它是在钻我的空子。"

Libratus 的开发者之一诺姆·布朗在其后接受 Card Player 网站采访中说道："AI 会学习如何更好地应对不同的翻牌前和翻牌时的下注大小。这是算法的关键部分，让 AI 随着时间的推移适应人类的打牌风格，而不是像人类以为的那样在利用人类的弱点。"

"在比赛中，Libratus 在超大下注上的表现真的是一个让我们感到震惊的事。Libratus 并没有使用人类数据进行过训练，它从未跟人类扑克手打过交道。所以，在参赛时，它带来的是一种独特的博弈策略，与人类认为的最优方法有很大的不同。对我来说，看到人工智能实现了此前人类没有做到的一些事，真的是让人难以忘记，我非常满意。"

这是不是和赫拉利提到的情况非常接近？人工智能或许真的不必变得和我们一样，而成为所谓的"类人智能"，"TA"完全可以通过自己的方式变得比人类更能干、更聪明。或许正如赫拉利提出的，人工智能进入的人类未来社会将会更加不平等。

当然也有人抨击赫拉利的观点，认为他的这种“数据至上”论来源于技术官僚的意识形态，而这个意识形态最终将在他自己的荒谬重压下崩溃。

赫拉利的推论和态度或许有人认为是过度担忧，但也有人认为是恰如其分。

尽管如此，大多数人还是乐观的。就如电影《超体》中所表现的，按电影的设想，人类把自己的大脑开发到100%，就可以随意操控时间、空间，甚至宇宙，人类天生的乐观心态让很多人多年来都相信了这个大脑开发说。因为，大家都怀有对美好未来的幻想，并且我们也坚信，人工智能、生物基因技术这样的前沿科技力量会加快人类超越时间和空间维度的可能性。最起码在现阶段，科技将是我们跨越时空最有效的办法。

科技升维金融革命

在投资的维度里，从科技维度这个跨越时空的高纬度中，我们再来帮大家总结一下今天科技正在对金融行业做出的改变。

简单的改变，是过去我们有目共睹的互联网发展对金融的改变。中国互联网金融的发展历程要远短于美欧等发达经济体，但作为全球最大的互联网经济体之一，中国金融互联网化的速度是惊人的。在互联网金融发展的过程中，国内互联网金融表现出多种多样的业务模式和运行机制。当今中国金融市场的互联网化，可以分为货币市场和资本市场两个部分。

直接把银行的某些柜台功能以及生活中的场景放到移动互联网上诞生的是余额宝与支付宝。对于货币市场，特别是银行业，当初余额宝这种等同于互联网化货币基金的横空出世，确实是震惊了业界。随后，各种形态的互联网金融就开始一发不可收拾，各种 P2P，各种白条，各种分期贷、现金贷，全是货币市场的互联网化模式，延续着“货币市场”的本质——抵质押物和还本付息。

资本市场的二级市场在中国一出生就是互联网化的，正是由于科技这一维度的存在和影响，使得中国的二级市场一出现便“越级发展、跨越时空”，使用了在线场内交易系统，而跳过了美国从场外交易到场内交易的漫长发展过程，场内交易的实时性正是依靠互联网和软件完成的。现在，科技的发展已经开始影响投资决策的方式了，量化交易、机器交易逐步在海外开始代替部分的人工交易。同样，基于时空这一维度，这一部分在中国的发展与在海外市场的情况完全不同，接下来会在本书中介绍。

那么，金融领域还剩下的资本市场中一级市场互联网化的表现是怎样的呢？

一级市场互联网化的初级表现形态是股权众筹。股权众筹于2009年发端于美国，2011年进入中国。2015年8月10日，证券业协会发布公告，将《场外证券业务备案管理办法》中的“私募股权众筹”修改为“互联网非公开股权融资”。可以说经过2～3年的草根试水，2014～2015年开始有国有企业、互联网巨头相继进场，比如百度、小米、京东、360等，都相继筹建了自己的互联网非公开股权融资平台。虽然由于种种原因，互联网非公开股权融资目前在国内发展受阻，但作为股权投资互联网化的初级表现形态，毕竟让市场看到了互联网是怎样拨开金融领域的最后一块面纱的。

以上这些互联网金融的实现伴随着过去10多年互联网技术的发展和积累。那么时至今日，更为前沿的科技对金融业又做

出了哪些升维的改变呢？

随着互联网的深度发展，在以云计算、第四代，以及即将到来的第五代移动互联网技术为代表的技术创新影响下，伴随着计算速度的显著提升，原本很难收集和使用的互联网数据、传感器数据也开始容易被利用起来了。大数据成为互联网发展到现阶段的必然产物，并与各行各业不断深入结合并产生直接影响。

比如大数据对广告业的影响则产生了的需求方平台（Demand-Side Platform，DSP）的精准营销。简单来说，这是基于广告主的需求，在海量的网络数据中找到对应的分门别类被打好“标签”的受众，如性别年龄为何、是否是商旅人士、是否高收入、是否已婚有子女或者是否单身。我们不必知道对方是谁，只要基于“TA”的网络行为判断是否符合需求，那么相应地在广告交易平台（Ad Exchange，类似于股票交易所）上基于荷兰拍卖法的原则购得我们需要的受众也就是“流量”，并进行广告推送。这也是最早大数据产生商业价值并盈利的一种模式。

再比如在远程医疗领域，基于大数据技术通过远程病理诊断平台，对数字化切片扫描做出更为准确的系统处理后，将病理切片传输到云平台，以获得更多一流专家的鉴定意见。同时更多数字化、结构化的脱敏[⊖]病理数据，对未来的诊断具有参考意义，并降低了人为判断的风险。

大数据在交通运输领域已经和我们的生活融为一体了，比如在春运等高峰出行时段基于大数据做出相应的出行习惯预测与判断，从而更好地调解运力水平，等等。

大数据对金融行业的改变，目前在征信和风控领域表现得最为突出。

大数据征信在中国的发展是很有意思的，作为像中国这样发展中的信用化社会，绝大多数人是没有传统意义上的征信记录的，而在信用化比较发达的社会如欧洲、美国，是在征信体系上才诞生了信用贷产品。可是在中国，是先实现了信用贷产品互联网化后，才等着技术进步来助推征信体系的完善。

曾经有业内人士犀利地评价，没有信用体系的金融机构跟一两百年前的当铺没有什么差异。尽管这种说法可能比较夸张，稍显言过其实，但未来的新金融机构必须建立各种各样以数据为基础的信用体系，所以这方面希望大家能高度重视。

传统信用评估模型是根据一个人的借贷历史和还款表现，通过逻辑回归的方式来判断这个人的信用情况。逻辑回归就是比如你喜欢上一个美女，但不知道她是否能喜欢上你，但你知

⊖ 对敏感信息通过脱敏规则进行数据的变形，实现敏感隐私数据的可靠保护。

道她既往男友的条件，个子都要超过1米7、要比较有钱，而且曾经有个学霸追求她，但是被她拒绝了，等等。这时候搞出一个分类算法，来预测一下美女能不能喜欢你。设定一个值，比如0到1，假设测出来美女喜欢你的可能性在0.7，好了，开始追求，这个方法是不是很有用？

以前，很少有人留下完整的信用数据来用于计算他的征信水平，所以过去的信贷风控是比较难的。但今天的大数据征信就不一样了，因为数据源十分广泛，包括电子商务、社交网络、搜索行为、位置交通等，都产生了大量的数据，所以大数据征信可以通过我们在互联网上留下的足迹清晰地描绘出一个人。但如何把控数据源的量与度，各家机构还在不断尝试。

大数据征信最核心的两个价值就是：防范欺诈风险和信用风险。关键点是，既要证明“你是你”，还要描述出“你是什么样的人”，其实这一点是大数据最早的商业应用精准营销曾经一直想达到的，但在国内噪声过大的网络环境下一直难以“精准”。然而大数据征信对于信贷领域的改变是重大的，因为信贷风险判断有了不断进步和完善的依据。只是这个依据还需要不断地提高准确性，需要更多的标签数据、需要更好的算法来完善、需要更多的结果去训练。

在国内，传统银行的个人、企业征信数据来自于中国人民银行。而据中国人民银行征信中心公布的数字来看，有征信记录的人也就 3 亿多，有更多的人是不在名单范围内的。这些没有过往信用记录的人想要使用信贷产品要怎么办呢？没有记录并不代表就是问题用户，大数据征信能在一定程度上为信贷记录缺失的用户弥补信贷评估，为他们的信用提供一定的依据；另一方面，通过打通更多的数据，让信贷部门有更多的判断依据来减少坏账率；更重要的是，它提高了信贷的效率、降低了信贷的成本。有可能在未来，会通过大数据分析发现你是否是个合适的信贷用户和你的头发长度都有关联性。

大数据提高了效率，它可以提高金融机构数据的时效性和准确性，同时还可以为金融机构有效地提供反欺诈等服务。在催收方面，也可以非常有效地完成失联修复。当前，在金融机构核心业务的贷前审批和贷后管理上，仍然以传统的统计模型为主。不管怎样，它对整个金融行业的改变是持续的、是深入的，甚至在未来是具有颠覆性的。

2015 年 1 月 5 日，央行下发《关于做好个人征信业务准备工作的通知》，个人征信业务正式“开闸”。芝麻信用管理有限公司、腾讯征信有限公司、深圳前海征信中心股份有限公司、鹏元征信有限公司、中诚信征信有限公司、中智诚征信有限公司、拉卡拉信用管理有限公司、北京华道征信有限公司等 8 家征信功能企业获准开展个人征信业务准备工作，准备期为 6 个月。除了这 8 家外，不少拥有数据和技术基础的公司都在暗暗布局这个市场。另外媒体还报道，包括京东金融、百度金融、小米、宜信等 30 多家企业都有意愿申请第二批个人征信牌照。

但到了 2017 年，这些“预备军”中的 8 家企业依然还是没有谁能拿到个人征信牌照，这时距离 2015 年提到的 6 个月准备期，已经又过去了将近两年的时间。2017 年 4 月 21 日，央行征信管理局局长在“个人信息保护与征信管理国际研讨会”上发声提到，8 家进行个人征信开业准备的机构目前没有一家合格，达不到监管标准情况下不能把牌照发出去。

他还对上述 8 家机构目前存在的三大共性问题进行了总结：

一是每家机构都想追求依托互联网形成自己的业务闭环，这样在客观上就分割了信息链，以至于信息不广、不全面，这样的征信产品有效性不足，不利于信息共享。

二是 8 家机构各自依托某一个企业或者企业集团，在业务或者公司治理结构上不具备第三方征信的独立性，存在比较严重的利益冲突。

三是 8 家机构对征信的基本理念和基本规则不够了解，也不太遵守规则。在没有以信用登记为基础的情况下，根据各自掌握的有限信息，进行不同形式的信用评分并对外使用，存在信息误采、误用的问题。

由于首批 8 家个人征信试点机构均“不合格”，各大征信试点机构正在改变思路，准备效仿第三方支付“共建、共有、共

享”原则的“网联”模式，成立所谓一家叫“信联”的征信机构。

这个领域，已经有众多的参与者和布局者。阿里有个人消费的交易数据，还有来自其投资的微博的社交数据，以及其投资的高德软件的出行数据，等等；腾讯有个人社交的大量数据和微信支付带来的消费数据和部分金融数据；这些数据特点都不尽相同。中国建立一个全民信用体系的挑战正是在于：个人征信市场刚刚放开，很多数据源之间还是一个相对封闭的“孤岛”。相对而言传统金融机构与互联网公司之间是基本隔离的两套体系，每一家互联网公司之间又是各自独立的一套体系。当前数据最为全面的当然是芝麻信用，但我们知道淘宝也是可以刷单的，而在微信里的小额支付、大额借贷也会造成场景的不匹配（见图 5-2）。

图 5-2

同时我们距离一个能够覆盖全民的，被普遍认可的信用标准分系统还有差距。而且在中国，用户的个人隐私泄露也是一个非常严重的问题，如果是成立"信联"，用户将面临多方"骚扰"的可能性也会加大。

中国的大数据征信还有一段路要走。但人工智能技术的发展，在极大地促进大数据征信前进。指纹、虹膜、人脸识别等一系列基于生物识别的技术被引入大数据征信应用，这些技术尤其像人脸识别这样成熟率、准确率都较高的技术，有助于进一步证明"你是你"。这样就解决了大数据征信的两个关键问题中的一个，使得大数据更加可靠（见图 5-3）。

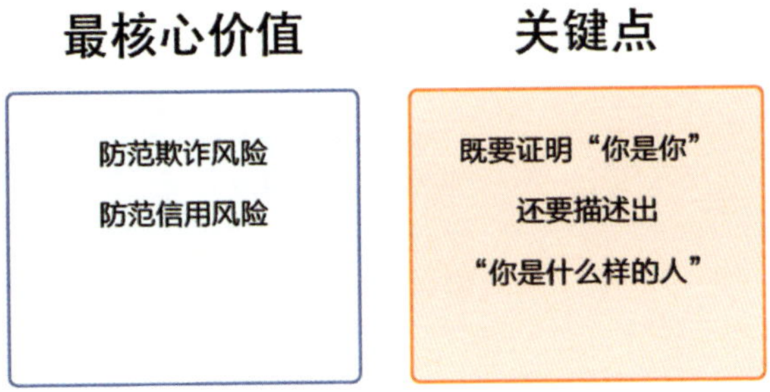

最核心价值	关键点
防范欺诈风险 防范信用风险	既要证明"你是你" 还要描述出 "你是什么样的人"

图 5-3　大数据征信核心价值及关键点

近期，另外一个看上去比较火，但实际参与人数并不多的科技改变金融的典型案例，是之前提到二级市场互联网化时，量化交易的升级领域——智能投顾。

智能投顾也是伴随着网络信息化和理财人群年轻化的趋势

产生的，最早产生于美国，是一种新兴的在线财富管理服务。2015 年最早在华尔街做对冲基金的中国人将智能投顾带到了中国，因此智能投顾在中国的产品依然是从美元配置开始的。

智能投顾考虑的是个人投资者自己提供的风险承受水平、收益目标和风格偏好等要求，运用一系列智能算法及投资组合优化等理论模型，为用户提供最终的投资参考，根据市场的动态对客户的资产配置提供建议（见图 5-4）。

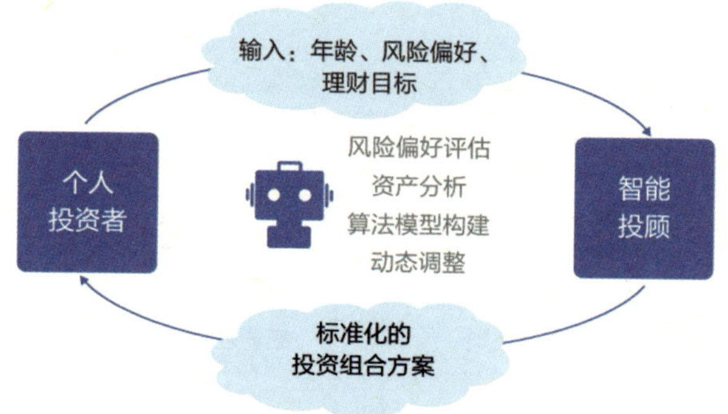

图 5-4　智能投顾图解

智能投顾产品一开始进场是以创业企业为主。理财魔方、蓝海财富、拿铁财经等在 2015 年上半年开始在中国市场涌现，并都获得了较高的融资额。资本界对于智能投顾这个领域普遍看好：在大数据和人工智能发展的大背景下，智能投顾相较于前几年的互联网金融更加占领了高新科技和金融的想象空间，因此获得了比传统 P2P 业务高的估值就不足为奇了。

紧接着各大银行开始布局智能投顾产品，招商银行在2016年年底推出摩羯智投，之后兴业银行、光大银行、平安银行、交通银行、广发银行纷纷跟进。不甘于银行之后，华夏基金、安邦金融、京东金融、宜信也开始涉足智能投顾，成为玩家之一。智能投顾虽然现在依然是金融市场业务领域里的一个细小分支，但是在智能化转型在即的传统金融机构中占据了主导地位，并从用户存量上显现了优势，然而在实质产品上的推进却没有加速发展。广发银行副行长王兵在媒体采访中曾表示，智能投顾现阶段更多的是一种业务视角，业务部门觉得这是个可营销的点，是吸引客户的一种手段。

这里要指出的是，智能投顾的英文Robo-Advisor，而不是Intelligent Invest，这里面有一个中文释义的曲解。我们再来回想一下智能手机的英文Smart Phone，所以在中国“智能投顾”这个词的提出，其实是对应智能手机的“智能”，是表达一种更加聪明的理财方式。而这种理财方式，在美国的基本策略是“对冲”，也就是通过全球多种资产配置来达到长期的较稳定收益，从而抵抗单一市场的系统性风险。而这种方式在有外汇管制的中国受到了限制，有些智能投顾企业开始在A股市场上做文章，从而和中国式P2P一样偏离了方向。

笔者曾经和国内某知名智能投顾企业从业人士进行深入交流，他认为智能投顾如果算在科技和金融的跨界领域，更偏重金融这一端，而金融的规则太复杂，判断规则的“输赢”没那么容易。在国内，金融信息中噪声的比例较高，监管层目前对智能投顾也没有完全的重视，因此处于“灰色地带”的智能投顾在国内举步维艰，“出国”很难，不“出国”又不符合投资组合优化的基本原则，这个领域的发展还需要最少 2 ～ 3 年的观察。

智能投顾在美国已经是一个相对接受度很高的理财品类，这也得益于美国投资者在金融理念上的相对成熟，信赖长期的稳定性收益而不是过度投机。在国内智能投顾领域，市场环境、玩家、消费者这三个要素还远未达到“和谐统一”的高度。

智能投行是大家经常和智能投顾混淆的一个概念。智能投行首先的一个典型特征是会给用户提供在线的数据工具，比如投资人可以根据自己的偏好选择关键字和标签，智能投行的数据工具帮他提供符合要求的项目或者给出一些简单的行业数据分析。总体上而言，智能投行是针对资本市场的一级市场，而智能投顾是针对资本市场的二级市场。

目前，国内的智能投行还处于比较早期的发展阶段，通常脱胎于成熟机构的内部项目管理系统或者第三方公司的数据服务。智能投行的数据工具是吸引用户的一种方式，但并不能解决他们的根本问题，也就是如何选出最具有投资价值的项目。在实际情况当中，智能投行为投资机构或者个人投资人提供的服务中，最有价值的部分依然是要靠定制化服务来解决，并通过线下咨询的方式来交付。

总体上而言，由于资本市场的一级市场规则复杂、未披露信息较多、智能化参与者缺少等因素，智能投行目前在国内还处于非常稚嫩的形态。

相比之下，在另外一个领域，中国的发展速度却不逊于其他国家，这项科技在金融领域产生的影响将是巨大的，甚至可能是颠覆性的。

这就是区块链技术。

区块链是当前金融领域的高层次技术，它因为比特币的火爆全球而走入大众视野。有人说，区块链的伟大甚至可以比肩互联网的诞生。2015 年 12 月，高盛报告称："区块链即将要站上舞台的中心，这项科技将会改变一切。"投资银行资深投资人亚历克斯·塔普斯科特（Alex Tapscott）与其父亲（全球著名的新经济学家、商业策略大师和国际未来学家、被誉为"数字经济之父"）唐·塔普斯科特（Don Tapscott）著有《区块链革命》一书，其中提到："区块链远远超出了第二代互联网的价值，他们也正如其他人一样，偶然通过比特币协会发现了区块链，然后运用区块链迅速产生巨大的影响。"

区块链为什么会这么神奇？

用学术的语言来讲，区块链就是以去中心化和去信任的方式集体维护一个可靠数据库的技术方案，分布式的、不可篡改的账本数据库是它的特点。它能够让区块链中的参与者在无须建立信任关系的前提下实现一个统一的账本系统（见图 5-5）。

打个比方，你买房子时，如果房产被标记在特定的区块链上，等于把房本、钥匙以及房子都同时装在了你的口袋里，谁也拿不走。你在全世界旅游时，想把房子给谁就给谁，不需要谁给你证明你的房子是你的房子。当然，交易规则已经设定在区块链里，按规则执行，不能随意更改。

区块链技术的推出适应了互联网发展进入了移动互联、万物互联时代，大量的网上交易急需进行当事人身份验证和交易确认、提高交易结算和清算的效率、确保资金和信息安全等方面的迫切需求。很多海外金融机构和商业机构都在开展用区块链技术改进业务模式的尝试。区块链技术已经被视为下一代价值互联网的基本协议之一 。

区块链将可能带来货币市场的革命。据媒体报道，2017 年春节前，央行推动的基于区块链的数字票据交易平台已经测试成功。早在 2016 年 11 月 6 日，央行旗下的数字货币研究所也正式在京成立，这意味着区块链的主要成果——数字货币的试点应用场景已建立。同时，中国央行将成为全球范围内首个发行数字货币并开展真实应用的中央银行。

数字货币真的要来了！

想象一下数字货币意味着什么？比如地下钱庄将不复存在、

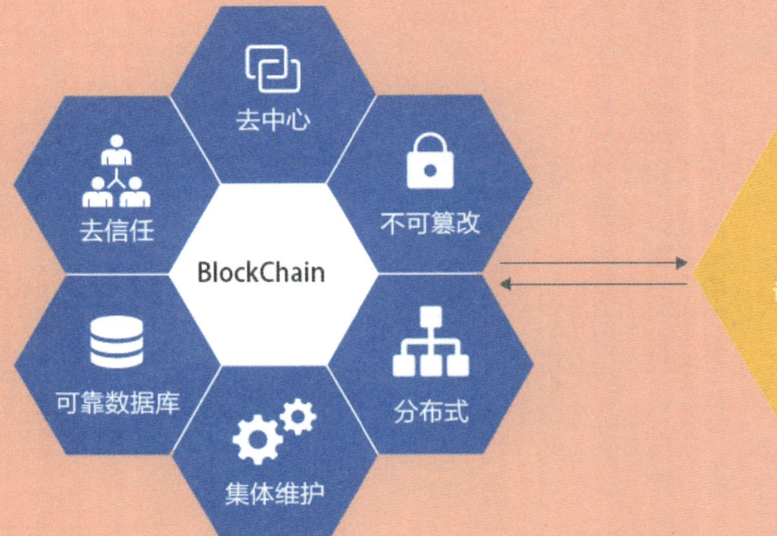

区块链

参与系统中的任意多个节点把一段时间内全部信息交流的数据通过密码学算法计算和记录到一个数据块（block）；生成该数据块的指纹用于连接（chain）下个数据块和校验；系统所有参与的节点来共同认定记录是否为真。

图 5-5　区块链图解

专门研究货币超发的经济学家可能要失业。

而在 2017 年 5 月 13 日爆发的勒索病毒让更多人知道了区块链目前最成熟的应用之一——比特币。

2017 年 5 月，全球 56 家公司和 83% 的比特币“矿工”就比特币扩容达成了一致。这意味着如果后续扩容工作能够顺利推进，那么在比特币区块链上对交易的处理能力将大大提高，比特币区块链的拥堵现象将被缓解，比特币转账也可以更快被确认。这或许是比特币价格上涨的原因之一。2017 年 4 月 1 日，日本内阁签署的《支付服务修正法案》正式生效，之前零售巨头 Bic Camera 和日本最大的廉价航空乐桃航空公司都表示接受比特币，日本乐桃航空公司还计划推出专属的比特币钱包。美国证券交易委员会于 2017 年 5 月 10 日重审比特币 ETF[⊖]，如果审核通过并上市，比特币在全球的投资地位将迈进历史新阶段。德国政府已正式承认比特币的合法“货币”地位，澳大利亚也于 2017 年 7 月 1 日把比特币视为货币。

当然也有一些较为悲观的看法出现，比特币交易平台自身存在的风险也在不断放大：一方面是黑客攻击风险，5 月爆发的勒索病毒就是一个典型例子；二是平台信用风险，近几年全球比特币交易平台不乏携款跑路的案例。

⊖ 交易所交易基金（Exchange Traded Funds，ETF）。

中国人民银行科技司副司长、中国人民银行数字货币研究所所长姚前，在2017年上海新金融研究院（SFI）内部课题评审会上表示，其实把比特币称为“准”或“类”数字货币较为合适，“虽然解决了数字化支付的技术信任问题，但先进技术并不能解决其背后的资产价值信任问题”。

但无论怎样，数字货币正朝着前进的方向不断快速发展。

区块链获得的信任正在扩大，像摩根大通、英特尔和微软这样的商业巨头已经展现出了对这项技术的支持。区块链正在经历更广泛的采用，逐渐被主流金融机构所接纳，尽管有些顶级金融人士对区块链的实际应用情况还是讳莫如深，但金融人士自己也认为普遍意义上区块链技术将来会颠覆整个金融市场。通过标准化各种金融流程的记录，大型金融机构每年可节省数十亿至数百亿美元的成本，并相应地提高利润率。区块链在保险、能源交易等领域也展现了可观的前景。

区块链技术不仅在金融领域很厉害，在其他领域的应用同样很厉害。还记得房子的例子吗？再进一步说，假设你去外国旅游，身上金额不够，但急需资金，银行是不会贷款给你的，但如果你在区块链上还登记过自己的车，那么你就可以找到区块链上的另一个用户借款，签署区块链技术下产生的智能合约，约定一定时间内还款。如果违约，车将自动归到出借人名下，而区块链技术会自动将其推送给物流公司，再由出借人通过物流公司线下取车（见图 5-6）。

智能合约与电子合同的关键不同在于，智能合约是一个任何人都可以使用的去中心化系统，不需要任何中介机构，从而保护合同不透露给第三方。在未来，类似爱彼迎（Airbnb）的商业模式可能将不复存在，因为它利用网络平台向房屋出租人以及租客收取高额的中介费，智能合约的出现将替代它的功能。

最新出现的模仿比特币结构的加密货币后起之秀——以太币，运行的区块链网络允许人们嵌入复杂信息，其中就包括将合同条款转为计算机代码并规定如何执行的智能合约。

智能合约一旦普及，将会大大减少合同纠纷，保护双方权益，甚至不再需要律师解决合同纠纷问题。智能合约无疑可以大幅度减少事后纠纷。因此，区块链技术对律师这个行业可能产生的变化是，在未来，律师的职责不是帮助裁定个人合约，而是在一个竞争市场上生产更多智能合约模板，通过收费的方式许可别人使用。

智能合约是区块链在金融领域及其之外的一个延展性应用，它的出现改变了一般职能人的“功能”，如律师。这有些意味深长，写规则和做判断是两种完全不同的游戏参与方式。

据埃森哲公司的预测，区块链的“引爆点”预计将在 2018 年发生，增长阶段预计会持续到 2025 年，那时区块链会最终

自动化的简单交易
A出国旅游
A需要资金
A曾在BlockChain
登记过车辆
A找到B用户
签署合约
按时还款
交易完成
A违约
汽车
自动归B
物流公司
线下取车

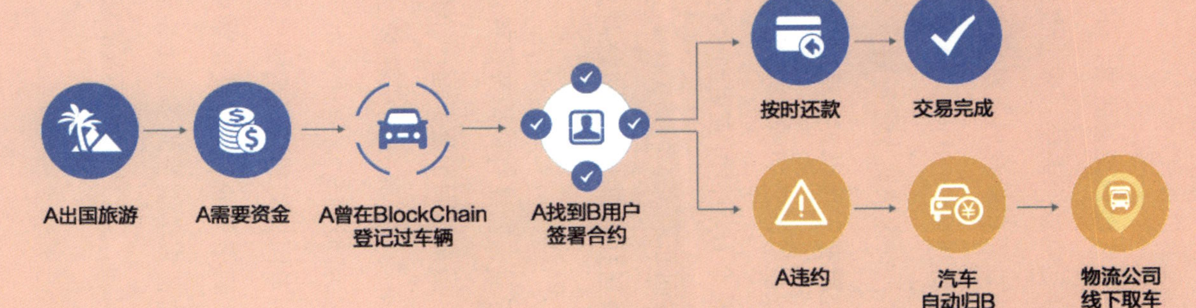

图 5-6　智能合约图解

成为金融服务中的主流技术。

纳斯达克创立了一个区块链交易股票，不过其实验仅限于未上市公司。根据纳斯达克这个系统，未上市公司转让股票无须实际的纸质记录，并且还在爱沙尼亚整合了一个代理投票平台让股东在互联网上进行投票。IBM 也将与包括德意志银行在内的几家欧洲银行合作，在区块链上进行融资交易。

区块链的厉害之处就在于可以对一切进行编程，从数字货币开始到编程金融领域能够涉及的所有东西，股权交易自然不在话下，甚至到编程整个社会，再应用到政府、健康、科学、文化和艺术领域等方方面面。

到现在我们已经就科技尤其是智能科技对金融的升维做了总结。

科技改变着金融行业，已经有机构开始探讨，如何用人工智能来改造股权投资，虽然这目前还只是一个话题，可能还处于走到起跑线前的准备动作。某知名机构曾公开表示自己的公司里已经开始用人工智能筛选商业计划书了，也有一些诸如智能投行的数据公司专门针对投资机构提供智能投资数据分析。当然后来我们了解到相关的人工智能也依然还是基于邮箱投递商业计划书以及规范表单填答的基础上，而智能投行最主要的价值并不是数据工具，而是提供相应的股权投资第三方服务。

股权投资涉及太多的维度，单单一维的投资技能，目前都还难以摆脱“人工”走到“智能”，更何况二维、三维。

虽然我们今天认识到科技是第五维，但目前还不可能直接运用人工智能、大数据、区块链等前沿科技对仅处于一、二、三维的投资人进行降维打击，因为科技还在发展完善之中。所以我们在对科技这一维度有了认知后，目前在投资领域的直接指导意义，就是我们知道了要实现更高的竞争力，来确保我们的投资方向和所投企业更容易在众多投资对手中胜出，我们应该要直接投资于科技这个方向，特别是智能科技领域。智能科技的发展正不断升维着我们的生活。

人工智能的产生，可能是人类历史上最重大的事情

乔布斯生前最喜欢的杂志《全球概览》的编辑和出版人、现在任《连线》杂志创始主编的凯文·凯利，在他 2016 年 6 月的 TED 演讲上提出了新工业革命的概念，他认为第一次工业革命是“人造能源”革命，比如蒸汽机和电，而他定义的第二次工业革命就是 AI——人工智能。这位被人们亲切地称为“KK”的“预言家”式的传奇人士，在 1994 年的著作《失控》里就对目前火热的“大众智慧、云计算、物联网、虚拟现实、敏捷开发”等概念做了提及和阐述。

KK 如此表述人工智能的未来趋势：

“技术的倾向性你可以把它看成类似于重力的东西。想象雨点汇入山谷：一滴雨点流入山谷的实际路径是无法预测的，我们并不知道它的具体走向，但大方向是很显然的，它往下流。因此，这些内在趋势和冲动，深深扎根于技术系统中，使我们能够感知它们的大体方向。具体点说，电话是必然的，但 iPhone 不是；因特网是必然的，但 Twitter 不是。”

“同样道理，当下有许多正在发生的趋势，而我认

为其中最重要的一个是让物体变得越来越聪明。我称之为‘知化’，也就是人们常说的人工智能，或者AI。我认为在未来20年中，这将是社会中最具影响力的发展趋势和驱动力。”

如果说KK的观点带有浓厚的人文主义色彩，那么以下IBM的预测就更具有实践精神。

2017年1月5日IBM发布了被称为“IBM 5 in 5”的预测，预测里公布了未来5年改变人类生活的5大创新，其中2项和人工智能以及对人类自身的改变有关：①借助人工智能，语言将成为洞察心理健康的窗口；②超成像和人工智能将为我们提供超人的视觉。

IBM认为，如果说人脑是一个尚未被人类充分了解的黑匣子，那么语言就是打开这个黑匣子的钥匙。5年之内，我们说的话、写的字都将成为判断身心健康的指标。超人的视觉也可以成为我们日常体验的一部分，不只是更加安全的无人驾驶领域，在医药和银行领域使用超成像技术则可以帮助用户识别欺诈行为，原本无法被人类看到的信息都将一一呈现在我们面前。

大家还记得没有微信的生活是什么样的吗？而今天，从前那些时间缓慢流淌的日子好像离我们远去了一个世纪之久，仿佛低头族已经盛行了很多年，可是仔细想一下，改变了我们那么多生活习惯的微信，从推出到现在，竟然才不过第6年[⊖]是不是很震惊？

所以你现在能想象5～6年后，人工智能给我们的生活带来的变化吗？

从当前来看，传统的说法是人工智能作为计算机科学的一个分支，通过模拟、延展人类智能，从而生产出一种新的能与人类智能达到相似甚至超越的智能实体或非实体，目前以语言识别、图像识别、自然语言处理、机器学习、智能机器人、自动驾驶等研究及应用为代表。目前全球的科学家基本一致认为，人工智能将会带来比工业革命更为彻底的人类革命。

而其实人工智能并不是一个新事物——这是一门已经有60年的科学研究。

首先，人工智能在20世纪50年代作为一项正式的研究领域就已经出现了，神经网络最早在1943年诞生了一篇为首个人造神经元细胞构建数学模型的论文，论文作者沃伦·麦卡洛克和沃尔特·皮茨将阈值逻辑单元描述为“大脑里的神经网”，这种简易模型之后成为好几种神经网络的基础，用计算机技术模拟人脑的工作原理，也就是人工智能研究的发端，随后几十年的发展非常缓慢。深度学习来临之前，研究曾经相当艰辛，

⊖ 微信诞生于2011年，此处是指截至著书年。——作者注

主要是因为构建人工设计的模型需要大量其他领域的专业知识、深入细致的考量，以及不可缺少的数据资源，但由于数据的贫乏，科学家要用人工判断作为构建模型的依据。

21 世纪到来，随着计算机计算能力指数级地提升，互联网及各种传感器下各个特定领域大数据的生成，为机器深度学习和训练、算法在对应应用领域的演进发展提供了成长原料，人工智能得到了突飞猛进的发展。

人工智能当前技术及应用研究的三大基础领域分别是图像识别、语音识别、自然语言处理。2015 年年初微软发布相关论文，在一项图像识别的基准测试中，计算机系统识别能力已经超越了人类，错误率为 4.94%，而人类平均错误率为 5.1%；2015 年年底，百度发布相关论文，在中文语音识别过程中，错误率为 3.7%，人类的错误率为 4.0%；自然语言处理的发展同样在突飞猛进中，在 2017 年斯坦福大学发起的 SQuAD（Stanford Question Answering Dataset）挑战赛当中，科大讯飞与哈工大联合实验室（HFL）提交的系统模型夺得第一名，这也是中国本土研究机构首次夺得该赛事的榜首。

根据 2016 年《乌镇指数：全球人工智能发展报告》上显示，在全球人工智能专利数量方面，美国、中国、日本三国占总体专利的 73.85%。其中，中国以累积数量 15 745 个紧随美国（26 891 个）之后，位列全球第二，日本以 14 604 个排名全球第三。但从 2012 年开始，中国的专利申请数及专利授权数就超越了美国。截至报告发布日，在人工智能企业数目、融资规模、投资机构数量三项指标上，美国分别约为中国的 4 倍、7 倍和 21 倍。

根据腾讯研究院发布的《中美两国人工智能产业发展全面解读》，美国 AI 产业布局全面领先，在基础层、技术层和应用层，尤其是在算法、芯片和数据等产业核心领域，积累了强大的技术创新优势，各层级企业数量全面领先中国。根据该报告，基础层（主要为处理器、芯片）企业数量来看，中国拥有 14 家，美国 33 家，中国仅为美国的 42%；技术层（自然语言处理、计算机视觉与图像、技术平台），中国拥有 273 家，美国拥有 586 家，中国为美国的 46%；应用层（机器学习应用、智能无人机、智能机器人、自动驾驶辅助驾驶、语音识别），中国拥有 304 家，美国拥有 488 家，中国为美国的 62.3%（见图 5-7）。

在 2017 年国际人工智能协会（AAAI）上，据统计本届大会接收论文投稿 700 多篇，其中半数以上有华人参与。AAAI 里不仅中国会员多，AAAI Fellow 也在增加。AAAI Fellow 从 1990 年开始评选，到现在 27 年间一共评选出 6 位华人。不过在 2017 年两篇最佳论文的作者中，都没有中国学者的名字。

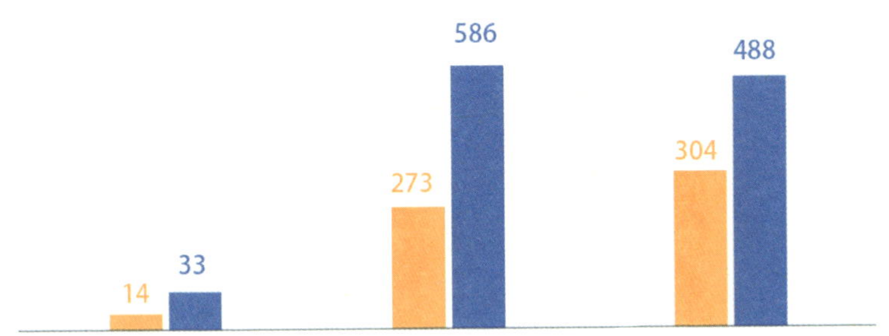

图 5-7　中美两国人工智能企业数量分布

其中，得益于大量搜索数据和产品线，一些互联网企业走在了图像识别、语音识别、自然语言处理等技术的前沿。在今年 AAAI 收录的论文中，百度、腾讯、华为、360、今日头条、携程等中国公司的人工智能团队均有出现。

转瞬之间，人工智能再次成为人们眼中的风口，创业企业好像不在商业计划书中提到人工智能就不好意思出来融资，动辄皆智能，举手皆 AI。而实际上人工智能真的到了大规模应用的阶段吗？

李飞飞，谷歌云首席科学家，斯坦福 AI 实验室负责人，当今最为知名的华裔人工智能专家之一。她在谷歌 I/O 2017 开发者大会的最后一天，在主场馆海岸线圆形剧场与另外 3 位分属不同领域的人工智能大牛为大家带来了一场极具重量级的机器学习讲座。在这场讲座上，李飞飞为我们回顾了人工智能的历史并对当今的人工智能发展阶段进行了定义。

李飞飞认为，大约在60年前，机器刚刚能处理简单的算术。但以计算机科学之父阿兰·图灵为代表的思想家，已开始提出了挑战人类社会的问题："机器是否能思考?""机器是否能拥有智能?"那时，马文·明斯基、约翰·麦卡锡等计算机先驱们聚到一起，创立了如今的人工智能学科。AI之父们眼中的AI，在技术上讲，与今天十分不同。但核心的愿望是一致的：让机器能学习、思考、感知、有逻辑、能开口说话，与我们交流。

过去的60年，李飞飞将其称为"in-vitro AI"，或者"AI in vitro"(可理解为"试管阶段的AI")。这一阶段为AI研究的基础问题以及众多子学科打下了基石。后者包括机器人、计算机视觉、自然语言处理、语音处理、生物保护学，等等。这同样是一个研究人员们不断理解数据、寻找工具集的过程。

而2010年左右是一个分水岭。这时，3个不同领域的进步终于达到了一个前所未有的里程碑高度：统计机器学习领域工具的成熟、互联网和传感器带来的大数据、摩尔定律预测的硬件计算性能提升。这3者的合力，把AI从"in vitro"阶段，推上了一个被称为"in vivo"(可理解为"胚胎阶段的AI")的全新阶段。

"AI in vivo"，是一个AI技术向世界做出实际贡献的阶段。当下这个时间点，还仅仅只是个开头。人工智能在各个行业发挥变革作用的时刻才刚刚开始。现在 AI 领域的工具和革命性技术，仅仅是广袤海洋中的几滴水。剩下的可探索空间，将会接近无限可能。

哥伦比亚大学人工智能实验室主任胡迪·利普森与在微软及康奈尔大学从事人工智能工作的梅尔芭·库曼，在《无人驾驶》一书中提及，你初次拥有的智能机器人，很可能就是你的汽车，你会把自己的性命交给它。

我们无须真的把汽车造成一个“变形金刚”，它不需要机械手臂，只要有轮子、制动、转向盘这些组合，这种运动方式几乎可以完全被预测，走进人类生活的第一代智能机器或者用专业的称呼“轮式智能机器人”，将是我们最“触手可及”的人工智能。同时随着无人驾驶技术的普及，它将会给我们的生活带来巨大的影响。

第一，人类的时空观念将会被改变。我们在驾驶上耽误了太多的时间，假设每天我们在通勤上耗费 2 小时，那么一周就将耗费 10 小时，一年就将超过 500 小时，这还没有计算我们远距离移动的时间。而当无人驾驶来到，我们不仅可以在行程中进行会议、交流、工作，甚至长期居住都可以实现。

第二，城市功能将被重新规划。停车场将实现商业或居住价值，道路不再占据那么多的空间，城市面积将变得更大，信号灯和路牌也会逐渐消失。

第三，无人驾驶会改变医疗及金融保险业。随着车祸率降低，对医院和保险的需求将随之减少。

第四，物流价格下降会带来商品价格的降低、人类步行更少、购物习惯将改变，能源、环保部门将被重新设计……而这一切仅仅是人工智能革命的开始。

有行业参与者将无人驾驶推崇为人工智能的应用之母，这虽然有“以小博大”的嫌疑，但无人驾驶涵盖的感知系统（机器视觉、超声波传感器、雷达、激光雷达）、人车交互系统（车联网、人机互联）、决策系统（GPS、路径规划、惯性测量单元、智能决策）、线控技术系统（方向、速度、停车）、高清数字地图等所有构成要素，确实是我们的生活向智能化全面过渡的开始（见图 5-8）。

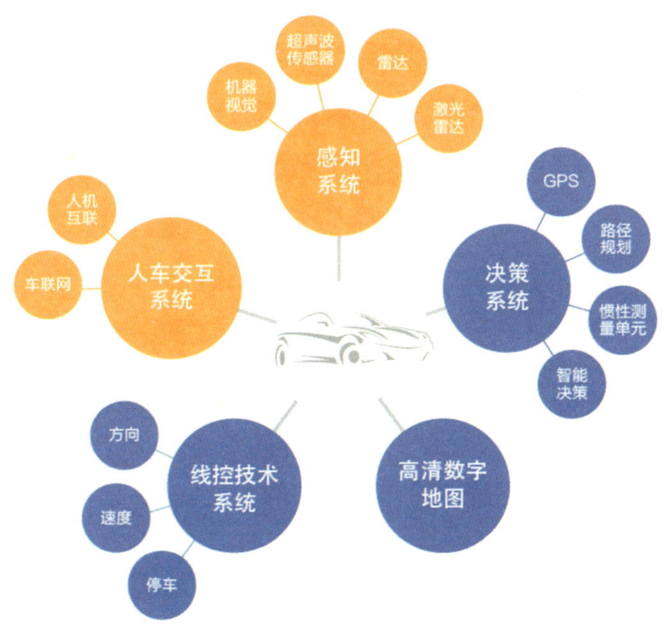

图 5-8　自动驾驶技术构成

如前所述，特斯拉是新能源汽车产业的缔造者，完成了市场教育的第一步，也带来了无人驾驶进入规模化应用的可能性，拥有目前最多的驾驶行为数据。Alphabet，谷歌的母公司，人工智能领域的领军霸主，不仅有自己的高清地图业务，而且目前无人驾驶的测试数据也遥遥领先，有望将自动驾驶变成 V2X（车联网）时代的安卓系统。百度是国内最早进军人工智能领域的搜索巨头，2015 年成立的自动驾驶事业部，宣布 2018 年将小规模量产 L4 无人驾驶汽车。Uber、苹果、英特尔等互联网时代的领先者也都跑在了无人驾驶的前列，通用汽车、丰田汽车、福特汽车等传统汽车厂商也在积极尝试颠覆自己。

无人驾驶，作为可能最早进入商业应用的智能场景，吸引着全球科技产业的注意力。当然这里面也不乏创业者的身影，美国的 Aurora.tech 及 nuTonomy、英国的 Oxbotica，再到国内的地平线信息技术、蔚来汽车、驭势科技等，都已是行业的参与者。

交通领域只是人工智能试水的“池子”之一，现如今人工智能总体还处于一种精细化的手工作坊阶段，我们还在为各种解决方案做特别的研究开发，就仿佛是大品牌为巴黎时装周做的一件高级定制，一般人根本不能在可控的成本范围内获取到这种商品。人才的匮乏也是造成这一现象的根源之一，硅谷的人工智能相关专业的博士毕业生，薪资数百万美元起步。据谷歌在诉讼中公布的资料显示，在过去的若干年时间内，它们一共支付了前无人驾驶创始员工安东尼·莱万多斯基（Anthony Levandowski）1.2 亿美元的薪水。某些业内人士指出，国内人才供需比例 1∶10，尽管很多海外，主要是美国的华人人才有所回流，但依然严重失衡。无论是海外巨头如谷歌、微软、Facebook，还是国内的 BAT，都在用不合理到惊吓程度的价格挖掘人工智能人才。

人工智能是否可以由“定制”走向“通用”，笔者相信这个趋势是必然的。我们面临的数据将会越来越多，场景将会不断扩展，目前虽然我们的注意力还集中在上一个时代的核心产业如互联网、交通等日常应用领域，但随着时间的进程，会逐渐深入到能源、制造业、航空航天、基础设施、金融等市场，而最终也会催生人工智能从基础层到技术层出现通用解决方案的可能性，并满足广泛应用。

我们肯定的是人工智能绝不是一时风靡，历史已经证明这是一个持续进化与演进的学科。当前阶段，人工智能的应用依然还很不全面，人类能够受惠于人工智能或许还有一小段路要走，而人工智能是否会颠覆人类社会还有待长期的思索与考察，各种科学与哲学的论辩会不断交织变化。

在中国,2017 年两会的召开让人工智能又成了“热门话题”。

不仅包括小米雷军、百度李彦宏、腾讯马化腾在内的科技大佬相继表达了对人工智能技术的高度重视及大量投入的计划。国务院总理在政府工作报告中也提及了人工智能，正式将其列入新兴产业，释放出要发展人工智能的强烈信号。此前更是将人工智能列入《“十三五”国家科技创新规划》里。

在持续一年的时间中，“人工智能”的概念在整个政策中的分量正在逐步地增加。2016 年 7 月，在国务院印发的《“十三五”国家科技创新规划》中，人工智能尚未进入规划中公布的 15 项“科技创新 2030- 重大项目”。而在 2017 年年初召开的全国科技工作会议中，科技部部长透露目前正在编制人工智能的专项规划，同时还在研究论证人工智能重大项目的立项工作。

2017 年 3 月 5 日，十二届全国人大五次会议在京开幕，国务院总理李克强在作政府工作报告时表示，要“全面实施战略性新兴产业发展规划，加快新材料、人工智能、集成电路、生物制药、第五代移动通信等技术研发和转化”，这也是“人工智能”这一表述首次出现在政府工作报告中。

2017 年 7 月 20 日，国务院官方网站发布了《新一代人工智能发展规划》（以下简称《规划》），《规划》中指出我国人工智能战略目标分三步走：

第一步，到 2020 年人工智能总体技术和应用与世界先进水平同步，人工智能产业成为新的重要经济增长点，人工智能技术应用成为改善民生的新途径，有力支撑进入创新型国家行列和实现全面建成小康社会的奋斗目标；

第二步，到 2025 年人工智能基础理论实现重大突破，部分技术与应用达到世界领先水平，人工智能成为带动我国产业升级和经济转型的主要动力，智能社会建设取得积极进展；

第三步，到 2030 年人工智能理论、技术与应用总体达到世界领先水平，成为世界主要人工智能创新中心，智能经济、智能社会取得明显成效，为跻身创新型国家前列和经济强国奠定重要基础。

《规划》以 1.7 万余字的篇幅，非常详细地分析了当前人工智能的战略态势，并对行业的主攻方向、应用重点领域做了广度与深度兼备的任务分解，以下为部分节录。

> 1. 人工智能基础理论体系：加强大数据智能、跨媒体感知计算、人机混合智能、群体智能、自主协同与决策等基础理论研究。
>
> 2. 人工智能关键共性技术体系：以数据和硬件为基础，以提升感知识别、知识计算、认知推理、运动执行、人机交互能力为重点，形成开放兼容、稳定成熟的技术体系。
>
> 3. 人工智能创新平台：统筹布局人工智能开源软硬件基础平台、群体智能服务平台、混合增强智能支撑平台、自主无人系统支撑平台、人工智能基础数据与安全检测平台等五大平台。
>
> 4. 人工智能高端人才：完善人工智能教育体系，加强人才储备和梯队建设，特别是加快引进全球顶尖人才和青年人才，形成我国人工智能人才高地。

同时《规划》还强调了要加快培育具有重大引领带动作用的人工智能产业，促进人工智能与各产业领域深度融合，形成数据驱动、人机协同、跨界融合、共创分享的智能经济形态。

围绕提高人民生活水平和质量的民生目标，加快人工智能深度应用，形成无时不有、无处不在的智能化环境，全社会的智能化水平大幅提升。加强人工智能领域的军民融合、构建安全高效的智能化基础设施体系，布局新一代“1+N”的人工智能重大科技项目群。

国内巨头企业早已纷纷布局人工智能：

腾讯在 AI 方面的战略规划与布局不算很早，从 2016 年才刚刚开始。但在此前，腾讯也在进行着与 AI 相关场景的研究和使用。2012 年，成立了优图实验室，主要技术应用在其天天 P 图软件上，提供人脸识别、图像识别服务。腾讯微信的语音实验室，主要是基于为语音识别、语音合成等技术提供小微、智能客服等服务。

2016 年 4 月，腾讯深圳的 AI Lab 成立，并也出品了一款围棋人工智能产品“绝艺”。2017 年 5 月，腾讯成立了美国西雅图 AI 实验室，主要是为腾讯进行全球人才的引进与储备，并开展基础研究项目，帮助人工智能能够具体应用在国内。

如果说腾讯的人工智能之路走得是游戏、社交、工具等场景的应用之路，而百度则是有一颗产业之心。

李彦宏在 2016 年世界互联网大会上演讲时就说到，互联网的下一个风口在人工智能。他指出，人工智能一旦成熟，必将颠覆很多行业。比如无人车产业技术一旦成熟，大部分出租车、滴滴司机的职位将被取代。当前无人车、人工智能等板块也完全独立于百度的其他业务之外，并由李彦宏直接管理。同时他也坐在无人车里勇敢地在北京五环上跑了15公里，虽然实线并线违反了交规。但尽管如此，或许大家搞错了重点，因为当时李彦宏在副驾驶位，百度智能汽车事业部总经理顾维灏在驾驶位，双手没有触碰方向盘，而这才是百度想要强调的。李彦宏明确地将百度定义为一家人工智能公司。

在2017年的“两会”当中，作为政协委员的李彦宏同样以父亲的身份做出了提案，建议利用人工智能和大数据技术，帮助走失的儿童回家。仅凭一张童年照片，就能提取面部信息找到跨越十几年的照片主人。甚至，仅凭一个模糊黑夜中的电子眼图像，就能分辨出是不是那个走失的孩子。百度人工智能在其有良好基础的语音搜索、图像识别、翻译、O2O等方面深入较多。

同时百度还于2016年启动了“凡尔纳计划”，这个以世纪科幻小说之父命名的计划，对外展现出一种科学浪漫主义的色彩，意在将科幻作家的畅想通过人工智能、基因编程等领域的研究变成现实。

阿里的人工智能是和阿里云业务密切相关的，归属于阿里DT[⊖]大商业体系内，以“云计算+大数据”为框架，增加更多

⊖ 数据处理技术（data technology，DT）。

的功能为电商以及物流网络来进行服务。阿里的人工智能与B端的交互是主体，与C端联系很少，更接近于基础设施建设。

马云在2017年1月25号的浙商工作会议上提到，中国的工业2025必须跟智慧制造结合在一起。所以中国的制造业基础跟德国的制造业基础是两码事情，各国都在高度关注未来的制造业，制造业一定是“互联网+”、一定是人工智慧智能，出现在移动、数据、地理位置上的智慧制造。2017年6月10日，在云栖大会·上海峰会上，阿里云发布了“ET环境大脑”——一个可构建出数字化地球的人工智能云计算产品，它具备了分析全球植被绿化变迁、自然灾害监测、极端天气预警等功能，这也是阿里云布局的新领域。当然ET城市大脑、ET工业大脑、ET医疗大脑等融合了人工智能、云计算、大数据等多种技术的“人工智能中枢”大脑，这正是阿里在智能城市、智能制造、智能医疗等行业的深入，贯彻着阿里的“世界已经连接”理念。

还记得之前我们提到京东是一个高维企业吗？为什么高维呢？因为刘强东早已理解智能科技的发展将对其他行业展现“升维竞争”，因此他在2017年京东集团的开年大会上高喊了三遍“技术”，还把京东的目标定成了“成为全球领先的智能商业体”，提出了发展智能商业、智能金融、智能保险的理念。

京东推出了零售人工智能算法平台（JD Y AI Platform for Retail Business，YAIR），并全面开放给合作伙伴。YAIR这个寓意着“光明”和“启迪”的希伯来语人名对国人来说比较生僻，读起来也有点拗口。这是刘强东对于京东推动“第四次零售革命”的新举措，目标是以人工智能技术推动创新京东的智慧供应链解决方案，对于中短期产品销售进行预测，并用来指导库存自动补货。

京东预计在未来一年内将人工智能、机器人、无人机、无人卡车等智能科技技术及产品引入京东物流，10 年之内将京东 12 万员工人数缩减到 8 万人。

全球的投资机构对于人工智能已经悄然进入到了一个全面关注的时刻。2017 年麦肯锡发布了一份长达 80 页的研究报告《人工智能，下一个数字前沿》(*Artificial Intelligence, The Next Digital Frontier*)。报告中指出，2016 年，全球在人工智能上的投资为 260 亿～ 390 亿美元，其中谷歌、百度等科技巨头的投资为 200 亿～ 300 亿美元，创业公司的投资为 60 亿～ 90 亿美元，从 2013 年开始外部投资有了 3 倍增长。其中在科技巨头们 200 亿～ 300 亿美元的投资中，90% 花在了研发和部署上，另外 10% 则花在了人工智能并购上。VC、PE 融资和种子轮投资也在快速增长，尽管基数很小，但已经增长到了总共 60 亿～ 90 亿美元。在外部投资也就是机构投资上，机器学习吸引了其中几乎 60% 的投资，因为其可以满足众多技术与应用的需求，例如机器人和语音识别，这个领域的公司收购也逐渐频繁，2013～2016年，综合年度增长率大约为80%。其中美国和中国在主导人工智能版图，欧洲正在落后。

根据2016年《乌镇指数：全球人工智能发展报告》的投资与融资篇，全球最活跃的人工智能收购者依然是谷歌公司，谷歌公司在2014年以6.5亿美金收购了英国的Deepmind，也就是为世人熟知的AlphaGo缔造者，排在第二、三位的分别是苹果公司和微软公司，最活跃的VC投资机构是Intel Capital。最近两年来，中国在人工智能领域的投资明显加快，2016年第一季度的投资额为1.3亿美元，投资频次为44次。到2016年第二季度，我国人工智能的投资额为4.7亿美元，投资频次为65次。截至目前，深圳的碳云智能以199.87万美元的融资额居首，其次为北京的出门问问和云知声。在前30名的人工智能企业中，其所处城市大多为深圳、北京、上海及杭州。

2017年商汤科技对外公布获得了4.1亿美元的B轮融资，估值超过100亿元人民币，创下了全球人工智能领域单轮融资的最高纪录。

根据腾讯研究院2017年发布的《中美两国人工智能产业发展全面解读》，在中国人工智能企业中，融资占比排名前3的领域为计算机视觉，融资143亿元，占比23%。自然语音处理，融资122亿元，占比19%，以及自动驾驶/辅助驾驶融资107亿元，占比18%（见图5-9）。中国的自动驾驶/辅助驾驶企业虽然数量不多，只有 31 家，但融资额却是第 3，意味着中国的投资者非常看好这一领域。但中国 AI 企业的增势并不明朗。根据历史数据推断，中国在 2017 年成立的新公司将不超过 15 家，融资增长也较前两年有所放缓，预计融资总额将会在 2017 年年末达到 745 亿，是美国同期预计值的 50%。根据行业发展周期来计算，中国人工智能产业将会在 2018 年回暖，新增公司数量会上扬到 30 家以上，预期融资累计量将会达到 900 亿～1000 亿元人民币，仍和美国有较大差距。同时在这份解读中也预警行业会有泡沫出现，一是资金多而项目少，二是周期长而营收难。

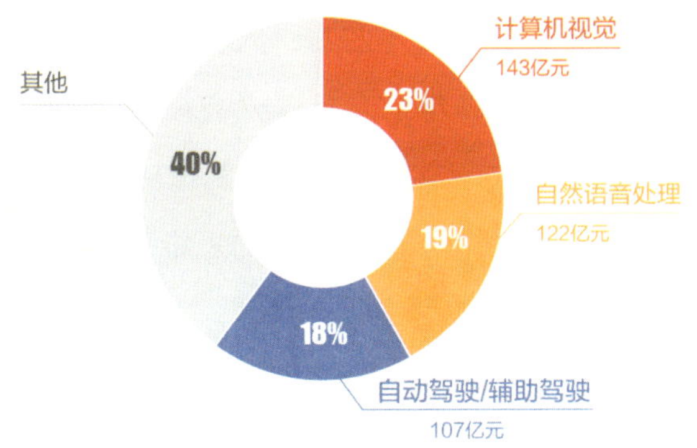

图 5-9　中国人工智能企业融资情况

当然不可避免的是，在投资领域，不少人“关注即是价值”的心理还在蠢蠢欲动。如此高热度的行业，我们更是呼吁理性的回归，客观冷静地发现最具价值的优质企业。

12 年后实现永生

谷歌首席未来学家雷·库兹韦尔（Ray Kurzweil）坚信“奇点”（singularity point）绝对存在，届时在技术的帮助下，人类将实现永生。库兹韦尔认为，人类将在 2045 年实现永生。据他推测，那一年非生物智能的创造力将达到巅峰，超过今天所有人类智能总和的 10 亿倍。但是在 2045 年到来之前，库兹韦尔认为我们就可以开始“不死之旅”。他说：“我认为在 2029 年左右，我们将会达到一个临界点。届时医疗技术将使人均寿命每过一年就能延长一岁。那时寿命将不再根据你的出生日期计算，我们延长的寿命甚至将会超过已经度过的时间。”

库兹韦尔设想在 2020 年左右，人类将开始使用纳米机器人接管免疫系统，2030 年纳米机器人会在我们的血液中保护我们的健康。我们将利用软件工程对细胞重新编程，改写基因。当然，到 2045 年人工智能将帮助人的思维脱离肉身，植入另一个载体，实现“永生”。

以上是库兹韦尔在 2016 年 4 月接受《花花公子》专访时提出的观点。我们姑且不讨论老库提出这些观点的场合，以及探讨《花花公子》是否是一本有着深度和严肃价值的刊物。我们单看这些观点本身，库兹韦尔显然是与主流预测站到了同一个大方向上，只是他把进程极大地提速了。

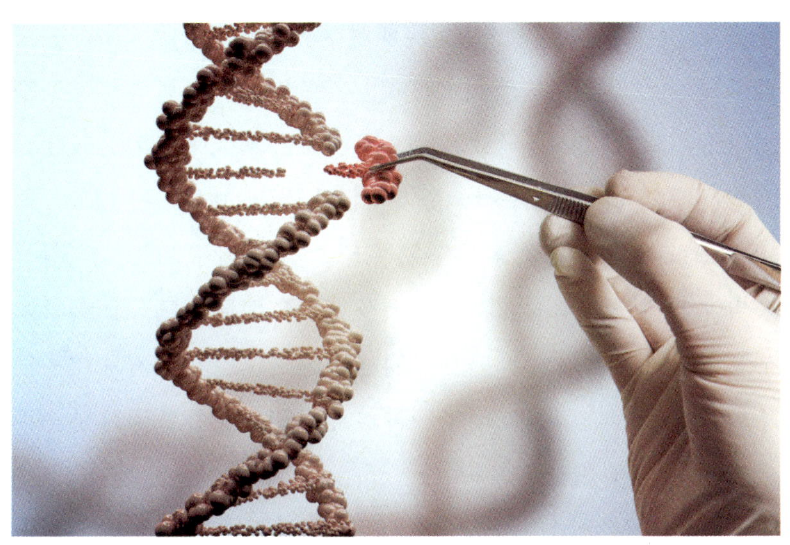

如今来看，以改写人类基因为例，“抛旧推新”并不再是一个技术难关，但是我们还无法预测这样做的效果，同样也无法承担这样做所带来的后果，不只是在生物角度，更是在伦理道德上难以绕过。

近年来，CRISPR/Cas9 技术一直被人们所提及。2012 年，美国加州大学伯克利分校的科学家开发出这种全新的基因编辑技术，并在 2015 年被美国《科学》杂志评为十大年度科学突破之首。昆明理工大学灵长类转化医学研究中心副教授谭韬在接受《中国科学报》采访时曾解释：“通俗地说，它们就好比一些带有 GPS 的剪刀，在特定信号的指引下，可以精准地在 DNA 上发生剪切。之后通过同源重组或非同源末端连接的方式修复发生切割的DNA，从而实现对基因的定点敲除、敲入，基因修复。”“但是，这项技术存在先天的缺陷。有可能植入到基因组的不相干位点，导致基因突变或打乱基因与基因之间、基因与环境之间的固有平衡，诱发可世代遗传的医源性伤害。”

2017年“韩春雨事件”震惊国人。起因于2016年5月，来自河北科技大学的韩春雨博士及其研究团队在国际顶级学术杂志《自然生物技术》上发表的一篇论文，论文中声称在一种嗜盐碱环境的细菌中发现了一种核酸内切酶，并认为这是一种全新的基因编辑工具——NgAgo-gDNA技术。随后在2016年11月16日，国内外21个课题组在《蛋白质与细胞》杂志上联合发表论文，各实验室均表示无法重复韩春雨论文的结果。2016年11月28日，由来自韩国首尔大学、德国弗莱堡大学和美国梅奥研究生院的10位学者在《自然生物技术》杂志上联合发表质疑文章，随后《自然生物技术》杂志进入调查，并最终于2017年宣布撤回韩春雨团队于2016年5月2日发表在该期刊的论文。

该事件引起轩然大波，正是基于新的基因编辑技术被认为是生物基因科学的制高点，越来越多的人加入新技术的探索之中。

技术会不断进步，终有一天我们可以实现更好地控制技术并为我们所用，但人类在非自然发展环境下将基因改写，我们会在自己的“上帝之手”下诞生出不可预测的“生物”吗？我们会加速自身的“灭亡”吗？

科技革命突飞猛进，但这些领域的突破目前我们还不可预料。人工智能、生物基因等技术当前还属于前沿科技，正处在爆发的前夜。大量的技术还没有产业化，甚至还没有应用化。也就是说，最起码当时当下，作为一般人的我们还不能像用微信一样随手使用这些技术，而能够预测的是这一切的改变将在 5 ～ 10 年内悄然发生。

今年是 2017 年[⊖]，距离 2029 年只有 12 年的时间。

⊖ 截至著书年。——作者注

第六维

人性高峰

至此，我们已经知道了科技的威力，也知道了人类在这一维度里的些许无助感。那么，如果革命性技术的时代到来，我们要怎么突破这个维度的限制呢？还有没有升维的办法呢？也就是说，还有没有比科技更高的维度呢？

科技与生命大数据

“它可能是历史上最好的事情，也可能是历史上最坏的事情。”霍金曾经这样评价人工智能。

2017 全球移动互联网大会（GMIC）在北京召开，霍金通过视频发表了主题为《让人工智能造福人类及其赖以生存的家园》的演讲，在半小时的演讲中，霍金表达了对人工智能的乐观和担忧。他表示：“人工智能的发展是无可避免的，是好是坏仍不确定，现在人类智能竭尽所能，确保其未来发展对人类和环境有利，人类别无选择。”但尽管如此，霍金依然肯定了人工智能的积极方面，随着人工智能的发展，我们可以修复我们在工业化进程中对自然造成的损伤，并解决疾病及贫穷问题。

微软在 2017 年宣布成立微软 AI 研究院，新成立的微软 AI 研究院将会把大约 100 个 AI 专家汇聚在一起，占了整个微软研究部门大约 1/10 的人才。同时微软还宣布组建了 Aether 道德委员会，尽早发现滥用 AI 的问题和可能性，避免人工智能犯下像《终结者》中人工智能防御系统 Skynet“诛杀一切人类”的错误，抑或是诱导、操纵、故意伤害等错误。

谷歌 DeepMind 的 AlphaGo 为全世界所熟知，DeepMind 的创始人苏莱曼曾经表示：“我们创造人工智能是为了使人类更强大，而不是为了毁灭自己。”同时 DeepMind 作为英国的一个创业公司在被谷歌收购以前，提出的条件之一就是谷歌要建立伦理委员会，用来监管研发出来的产品和技术。

亚马逊、谷歌、Facebook、IBM和微软共同创建了人工智能联盟（Partnership on AI）这样一个非营利性组织，随后苹果公司也加入其中，让科技巨头们在人工智能可能对全人类造成巨大损害的问题上共同探讨和研究出路。

似乎一夜之间我们就要面临选择了，科技的极速发展让人类面临着生存还是毁灭的问题。

To be or not to be？

人工智能取代人类的话题（或至少是体力和部分脑力功能）已经在近几年愈演愈烈，在可预见的时间内都将是一个让想到的人会心头一紧的问题。

很直观的是，人工智能的一大特点就是将极大地提高效率。我们曾经在计算科学发展“战胜”人类计算水平的问题上有着类似的忧虑和担心，现如今越来越快的运算及处理数据速度已经被人类习以为常了。淘汰落后产能是必然的结果，不过到底“淘汰多少”是关键，人类不禁想到在不久的将来，大多数人将不再有工作的价值，因为人工智能和机器人将做得更好。那生存的意义何在呢？

引领科技未来的大佬，如埃隆·马斯克，直接把人工智能定义到了“危险”的边缘，他在2017年7月参加美国全国州长协会夏季会议时表达了这种担心。马斯克认为尽管车祸、飞机失事、毒品泛滥和食品问题等会对社会中的部分个体有害，但它们至少没有对人类文明造成根本威胁。相比之下，人工智能却是人类文明存在的根本危险，它会对整个社会造成损害。

当然持积极态度的乐观主义者对“人工智能末日论”嗤之以鼻，Facebook 创始人马克·扎克伯格在自己的直播上说，人工智能在未来 5 ～ 10 年对人类生活带来的改善将不会给我们的安全与幸福带来威胁。他认为这种“末日论”的坚持者有着可疑的立场。

马斯克则在自己的 Twitter 上回应道，小马同志对人工智能的理解有限。

有意思的是，2017 年 7 月 Facebook 传出了关闭智能对话机器人项目的消息，起因是 Facebook 发表了一篇论文，论文阐述了一个例行的科学研究项目。Facebook 人工智能研究院（FAIR）让两个聊天机器人互相之间“聊了一小会”，然后结果是它们之间用人类完全无法理解的独特语音交流了起来，最终引来人为干预。FAIR 是这么解释的，我们只是让它们聊聊，这没什么意义，仅仅是个实验而已，因为它们还是在用“i”“balls”“the”等英文单词沟通，只是没有了英语语法的这个激励项，创造了一种新的表达方式而已，这是我们“忘了”告诉它们“请用英文语法”，现在我们已经修正了这一点。

这是 FAIR 利用“生成式对抗网络”（generativ adversarial networks，GAN）这种神经网络机构开发的人工智能系统，原本只是循例提交论文并公布实验结果，却引发了铺天盖地的关注。论调几乎是一边倒的，人工智能聊天机器人“失控”了。

微软公司创始人比尔·盖茨站在对超级智能感到担忧的一方，他曾在社交论坛 Reddit 上的问答活动中称，“首先，机器能够为我们做许多工作，但还没有达到超级智能的水平。如果我们能够进行妥善管理，应该对我们有利。但是几十年后，机器的智能化将强大到足以引起担忧的水平。在这一问题上，我同意马斯克和其他一些人的观点，不理解为何一些人对此并不感到担心。”

百度机器前学习主管、首席科学家、Coursera 的联合创始人吴恩达对此的答案就比较实际了：“作为一名人工智能从业人员，我开发和推出了多款人工智能产品，但没有发现人工智能在智力方面有超过人类的可能性。我认为，工作岗位流失是个大问题，希望我们能致力于解决这一问题，而非考虑那些科幻作品中才可能出现的场景。”吴恩达在《哈佛商业评论》举办的 2017 年旧金山会议上表达了他的观点，（人工智能对我们的威胁）这种情况并不是不可能，但也不会很快出现。

其实，这只是一个关于短期目标和长期发展的争论，从未来 5 ～ 10 年的短期来看，人工智能对我们的帮助显然远大于威胁，在人类的可控范围内；可是再过 20 年、30 年，或许人工智能将强大到让我们无法想象。

如今无论是从投资体量还是发展速度上看，科技巨头们已经占到了较为领先的优势，但我们并不知道无论是企业内部的伦理委员会还是如人工智能联盟这样类似“联合国”的组织，是否真的能在人工智能给人类带来绝对危害前产生预警机制，抑或是这种预警将在100年、200年之内都不会发生。

赫拉利的观点代表了一类人的担忧：我觉得AI取代人类还有另一个问题，不是经济问题，而是意义问题。如果你没有工作，并从政府那里领取无条件基本收入，这时，最大的问题是：你怎么寻找生命的意义？你整天都干些啥？

这和人工智能专业从业人士吴恩达的观点基本一致，并往前推进了一步。

所以没有了工作的人类用什么来打法自己无所事事的时间？

赫拉利认为有两种可能：①药物；②计算机游戏。这可能不是唯一答案，但的确可能是最佳答案。人们用药物调节失衡的情绪，并陷入虚拟现实之中。

这并不是未来才可能出现的，在过去几千年前，我们曾经也这样做过。炼制金丹，发明并不存在的规则信受奉行，并终其一生，这就是宗教。如果你是基督徒，这样做就能加分，否则减分，及至死亡降临，游戏结束。到时候，分值够高者得以升级，也就是升入天堂。到了这个世纪，我们可以创造逼真的

虚拟现实游戏让人类获得这种满足感，并将大脑与机器连接，构建出天堂和地狱，而不是让这些东西停留在想象层面。

所以科技将会再次将我们导向虚拟世界，并让我们为之“信仰”，沉浸在不知道是真实还是虚拟的空间中无法自拔，最终我们会将我们自身也导入虚拟世界。如果我们将我们的思维从肉体上剥离，植入新的载体，这种“灵肉分离”状态下的“人”还是人类吗？或者只是一段存在于无机世界中的数据流？

世界顶级的分子生物学与机器学习专家之一，卡利科实验室（Calico Labs）的达芙妮·科勒，在谷歌 I/O 2017 与李飞飞的机器学习讲座上说道："如果说，我的机器学习算是母语造诣，那么我的生物学就在'流利'水平了。这使我能够与卡利索的科学家们共事，在两门学科之间建立真正的合作纽带，开发出能结合两个世界的优点——大数据和人类直觉的模型。由于生物机体的复杂度实在太高，即便是今天这个量级的数据，我也不认为仅用数据就能重建生物体从头到尾的完整模型。我离开 Coursera 重回生物领域的原因，是因为我认为生物技术现在已经到了指数级增长曲线的那个拐点。"

目前，我们还做不到全面解读并重新编写生命大数据，但我们已经接近新时代的"子夜"，将机器学习应用到生物学领域，最终我们将全面获取基因、蛋白质、小分子这些组成生命要素的全部数据。从当前的发展速度来看，20 ～ 30 年后这就可以实现。

2017 年美国播客作者以斯拉·克莱恩（Ezra Klein）采访了赫拉利，赫拉利再次强调了"神人"理论，在受访中他说道："300 年后，人类将不会是地球上占主导的生命形式——如果那时候人类还存在的话。更可能出现的情况是，我们通过生物工程学、机器学习以及人工智能，将自己升级为一种截然不同的存在形式，或者创造出另一种存在形式，取代人类本身。"

赫拉利认为在 300 年后的地球上，真正的主宰者和人类的差异，将比我们与尼安德特人的差异还大。300 年对于人类或者地球来说也并不是一段漫长的旅程，而“神人”与“智人”之间产生的差距将是无法跨越的。

赫拉利还提到，人工智能比人类更具合作性，它们通过联网，形成单一网络、达到信息实时与共享，并形成决策。这就是人工智能的最大优势——合作，而非“智能”本身。同时人工智能也完全不需要意识，也就是感受事物的能力。同样是发展智能，计算机走的就是另一条路，而且，这条路与意识没有半点关系。

它也不会像人类一样产生欲望，更不会有心理活动，但会形成自己的行为模式，而这些模式将远远超出人类的理解范围。

“不是我高估人工智能，是多数人都倾向于高估人类。要取代大部分人类，人工智能并不用多么有本事。政治和经济体系从人类那里所需要的，其实非常简单。”很快，人工智能就能识别人类的所有生物模式包括情绪、心理，并比人类更胜一筹。

人性是科技不可逾越的高度

2017 年 5 月 22 日柯洁与 AlphaGo 人机大战开赛前夜，更新了一篇很长的微博：

> 决战前夕，感慨万千……
>
> 在这个特殊的时间，我有些话想和热爱围棋、关注围棋、关注我的朋友们说：

无论输赢，这都将是我与人工智能最后的三盘对局。

很多人可能会问为什么？

其实私底下我已经与朋友家人说了很多次这样的想法，现在的AI进步之快远超我们的想象。像国产的绝艺、日产的ZEN虽然和AlphaGo还有着较大差距，但已经表现出超强的实力了。我相信未来是属于人工智能的。

可它始终都是冷冰冰的机器，与人类相比，我感觉不到它对围棋的热情和热爱。对它而言，它的热情也只不过是运转速度过快导致的CPU发热罢了。

我会用我所有的热情去与它做最后的对决，不管面对再强大的对手——我也绝不会后退！至少这是最后一次。

拼尽全力后，无论结果。管他口中是是非非，来一首《沧海一声笑》……岂不美哉、快意？我淡然笑之……

不眠夜，且看且珍惜，请大家欣赏我最后的三盘人机大战。

5月29日，惜败AlphaGo之后一周，柯洁更新了另外一篇微博：

“现在才发觉，原来和人类下棋，是可以这么的轻松、自在、快乐……

下围棋真好。”

棋士柯洁

5月29日 13:44 来自 成功的标配 金立M2017

现在才发觉...

原来和人类下棋，是可以这么的轻松、自在、快乐...

下围棋真好

收藏　16854　16121　215112

热爱和快乐，是柯洁对围棋执着的原因，与之对决的AlphaGo，显然不需要去理解这一点。

2017年5月26日，马云在贵阳数博会上发表的题为《数据创造价值　创新驱动未来》的主题演讲中这么评价：

> “这两天比较热闹的是柯洁下围棋，我觉得人类是最有意思的动物，好像AlphaGo和人类下围棋之前，人绝大部分认为机器肯定会被人搞死，打输了之后，所有人又认为，机器一定会把人搞死。我并不以为然，尤其中国很多公司，别再去搞AlphaGo这样的东西了，没有多大意义，你们可以做的事情实在太多了。按理下围棋本来是多有乐趣的事情，下围棋本来就是在等对方下一

步错棋，然后我赢一把，结果对方这机器从来不会下错棋，算得又理性又客观，还算得比你快，你想三步，它三百步都想好了，这有什么意思呢，把我们最快乐的东西剥夺掉，还侮辱了我们一把。”

马云曾经在2015年7月30日发过一篇微博，那个时候他就认为：

“将来机器人和人类谁更聪明？我觉得机器人一定比人类聪明，但人类一定比机器人更智慧。大脑聪明可以靠学习知识，但智慧却来自磨难、挫折，和各种心灵的体验感受。能看见别人没有看见的东西称为聪明，看见当作没有看见也许就是智慧。”

在马云的观点当中，“人工智能”是“智能”“人工”或者说“类人”，这显然是不必要的，你是你，我是我，你做我做不到的。我拥有智慧，而你只拥有智能，这就是我们的差别，我们本质就是不同的。

凯文·凯利认为人工智能完全不必要和人类完全一样，我们可以说正在创造“异型智能”，未来人工智能像电一样在网络和云端传输，将其实体化就得到了机器人。凯文·凯利指出人类最擅长做“低效”的事情，像科学探索、艺术创作、人际关系，而高效是“人工智能”的使命，我们将与之合作而非竞争。

可能事实注定我们将与“人工智能”朝着两个方向发展：

在未来，人工智能可以识别人类的情绪与心理变化，但不需要理解，同时我们通过人工智能的折射可以更好地理解自身。人工智能可能会采取和人类完全不同的行为模式，但它们会帮助我们在效率上大幅度提高，去除“低效能”，带来“高效能”，而在这其中代表“低效能”的，比如某些岗位、某些能源、某些产业将会一去不复返。人类的每一次技术革命都是伴随着这种阵痛前进的。

当然我们对于科学精神的探索、艺术的推崇，再到人与人之间爱的追求、亲情友情纽带的编织，我们相信这些深植于人类内心当中、“生而为人”的基础将不会随着人工智能的进化而发生动摇。

一切的软科幻或者是硬科幻电影里永恒的桥段，最后拯救人类的都是——人性，即人最基本的，基于人之所以为人的本质心理属性。这种说不清道不明，是由科学概念里的“激素”控制还是由宗教概念里的“灵魂”控制的属性，目前还没有被证实人工智能能够学习到。

人工智能、生物基因技术的发展将创造出新的时代，诞生新的世界，这是毋庸置疑的。但也许我们所有人都应该暂停片刻，不应只是关注“提升能力”“解决问题”的层面，更应该关注前沿技术如何“为我所用”而不是“脱离控制”。

如霍金教授所说，更有经济价值的技术从实验室研究走上市场应用后形成良性循环，将会带来巨大的经济效益，进而鼓励更长期、更伟大的投入和研究，同时研究如何从中获益并规避风险是非常重要的。

在投资的维度里，为什么把人性放在高于科技的更高维呢？除了因为人工智能还没有呈现出掌握人性密码的趋势外，还因为现实中的投资，就算是完全掌握或熟知了一维的投资技巧、二维的股权市场、三维的金融全局、四维的时势政经，五维的科技力量，但在面对人性时，一切又变得无法预测、无法掌控起来。

我们对于前沿科技的发展依然还是持乐观态度的，对于过度强调科技发展的危害性，并将罪恶的属性附加在科技之上，虽然这也同样是人性的“一部分”，但对此我们是不认可的。

虽然我们无法给大家描绘出关于人性这个维度的场景，也想象不出来在人性的维度里畅游是什么感受；更无法妄议，超越人性的维度，会是怎样的维度。但如果有一天，我们面临强大的“非自然威胁”，将人类作为一种完全的“低效能”体并决策将其灭绝之前，我们能与之抗衡的将不是拔掉电源，而是我们与之有本质区别的“人性”。

跨界：开启互联网与传统行业融合新趋势

作者：腾讯科技频道 ISBN：978-7-111-47912-3 定价：39.00元

互联网带来的跨界浪潮正以前所未有之势席卷传统行业，互联网作为一个产业将会失，因为所有产业都将会互联网化

跨界2：十大行业互联网+转型红利

作者：腾讯科技频道 ISBN：978-7-111-51546-3 定价：49.00元

迄今为止最为全面的互联网+行动指南为你开启“转型红利时代”

教训：互联网创业必须避免的八大误区

作者：腾讯科技频道 ISBN：978-7-111-47422-7 定价：39.00元

一线创业者深度分享价值18亿美金的血泪教训，17个知名创业公司深度访谈，揭秘创业过程中最容易让你失败的大坑

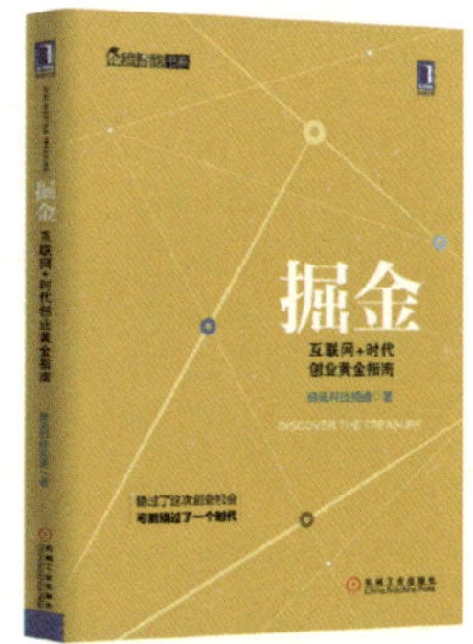

掘金：互联网+时代创业黄金指南

作者：腾讯科技频道 ISBN：978-7-111-49869-8 定价：39.00元

全面覆盖社交、O2O、媒体、教育、娱乐等五大领域，十一个细分行业，解析几十个典型案例，助你找到互联网+时代的真正创业机会